AF250021

L'EMPLOI DU LOISIR

À L'ÉCOLE DE DROIT

PAR

ANTONIN RONDELET

PARIS

CHARLES DOUNIOL ET CIE, LIBRAIRES-ÉDITEURS

29, RUE DE TOURNON, 29

1872

L'EMPLOI DU LOISIR

A L'ÉCOLE DE DROIT

PARIS. — IMP. SIMON RAÇON ET COMP., RUE D'ERFURTH, 1.

L'EMPLOI DU LOISIR

A L'ÉCOLE DE DROIT

PAR

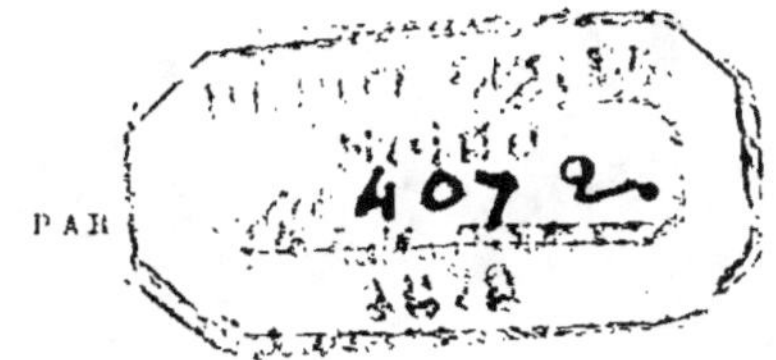

ANTONIN RONDELET

PARIS

CHARLES DOUNIOL ET Cie, LIBRAIRES-ÉDITEURS

29, RUE DE TOURNON, 29

—

1872

INTRODUCTION

On a peut-être mauvaise grâce à entreprendre
une réforme de plus à un moment où il semble
qu'on ait pris à tâche de tout recommencer. La
vérité est cependant qu'il y a chez nous bien des
choses à refaire. Je me sens d'ailleurs rassuré par
la modestie même de cette entreprise. Il ne s'agit
point de venir proposer aux maîtres de la science
un remaniement de leurs doctrines ou une mo-
dification de leurs méthodes. On s'adresse ici ex-
clusivement aux pères de famille. On voudrait,
dans les pages qui vont suivre, éclairer leur
autorité afin qu'elle s'exerce sur les jeunes gens
avec plus de succès et de puissance. Bien des parents abdiquent vis-à-vis de leurs enfants même

le droit de conseil, et les livrent à eux mêmes sans les soutenir de leur expérience. On se propose d'aider les familles dans une tâche qu'elles abandonnent trop. Sans renoncer à dire des choses utiles pour tous, on s'adresse plus spécialement aux pères qui destinent leurs fils à l'étude du droit.

On part de ce fait que les études de la première année de droit sont insuffisantes pour occuper le temps disponible, qu'elles deviennent ainsi, pour ne rien dire de plus, une provocation à la paresse : on se demande s'il n'y aurait pas, dans l'intérêt de la jeunesse, un emploi plus fructueux de ces heures précieuses.

PREMIÈRE PARTIE

DE LA NÉCESSITÉ D'UNE NOUVELLE LICENCE
ÈS LETTRES
POUR LA JEUNESSE DES ÉCOLES

LIVRE PREMIER

LES [LOISIRS A L'ÉCOLE DE DROIT, ET LES DIFFÉRENTES
TENTATIVES DES ÉLÈVES POUR LES UTILISER

CHAPITRE PREMIER

L'oisiveté de la première année de droit.

I

Il ne conviendrait pas d'élever contre l'organisation des études de droit des critiques imprudentes et mal autorisées ; il faut laisser cette tâche aux hommes compétents, et se borner à prendre ce que j'appellerais volontiers les faits de notoriété publique.

Or il est malheureusement trop avéré que les études de droit, considérées au point de vue des examens de la première année, ne répondent

en aucune manière à l'occupation réelle de neuf
à dix mois de travail effectif. Des hommes sérieux vous diront, sans aucune intention de
blâme ni de dénigrement, qu'un trimestre de préparation assidue suffit et au delà pour se présenter honorablement devant les juges de cette première épreuve.

Ajoutez-y cette condition, réservée sans doute
dans l'intérêt des faibles et pour prévenir tout
découragement, que la date assignée à cette première vérification des études n'a rien d'obligatoire ni de fatal ; qu'un échec est prévu ; que
d'avance on lui a ménagé sa place et fait, pour
ainsi dire, son nid dans la carrière de l'étudiant.
Rien n'empêche celui-ci, pour peu qu'il en ait
la tentation ou la fantaisie, de se rejeter sur
le temps des vacances, d'ajourner aux calmes et
paisibles journées du foyer paternel la première
connaissance à faire avec les codes. Il est fâcheux
qu'un tel déplacement puisse avoir lieu sans
qu'aucun règlement ni aucune disposition entreprennent d'y mettre obstacle.

Au reste, l'étudiant de première année, dont la
préparation peut présenter quelque insuffisance
ou quelque lacune, n'a pas besoin de remettre son

examen à la session de novembre. N'a-t-il pas la
ressource des répétitions, répétitions orales, répétitions écrites, exercices de toute sorte dont
quelques-uns portent des noms significatifs et
bien connus? Sans doute, les préparateurs n'ont
pas la prétention d'apprendre le droit aux candidats ni d'en faire des récipiendaires glorieux ;
mais enfin, ils les mettent en situation de ne point
rester courts et d'avoir au moins quelque chose à
répondre sur la plupart des questions qui peuvent
leur être posées.

S'il faut tout dire, ces premières études un peu
neuves et en même temps un peu réduites n'inté-
ressent et ne saisissent pas beaucoup la jeunesse.
Il ne manque pas d'hommes graves, et parfois
même de professeurs de droit, pour leur dire que
toute recherche et toute initiative en dehors du
cours lui-même sont peut-être plus à craindre qu'à
approuver.

Au moment où l'expérience n'est pas encore
venue, il n'est point impossible de s'égarer
et de tomber sur quelque idée fausse dont on
aura plus tard beaucoup de peine à se débarrasser. Il vaut mieux, leur est-il recommandé avec
plus ou moins de raison, s'en tenir à la ration

quotidienne, et ne point dépasser les limites dans lesquelles se renferme l'enseignement du professeur.

II

Cette absence de toute initiative et ce défaut de toute recherche originale tendent à ôter aux étudiants l'ancienne et excellente habitude de rédiger le cours. Ils ne regardent plus comme très-utile cette mise par écrit, laquelle, suivant eux, se résoudrait en une perte de temps, ou, tout au plus, en un pur exercice de style. N'ont-ils pas entre leurs mains le livre même du professeur, des résumés ou des questionnaires imprimés d'avance et rédigés en vue de leur destination avec un soin particulier, souvent même avec un mérite réel?

Cette négligence ou ce parti pris entraînent chez ceux qui les pratiquent plus d'inconvénients qu'on ne saurait le dire, au point de vue d'une connaissance un peu exacte et un peu sûre du droit. Rédiger, au fond, ce n'est pas autre chose que parler sa propre pensée, d'une façon tout à la fois suivie et soigneuse. Or nous ne possédons véritablement aucune idée, dès que nous ne sommes pas capables de la reproduire et de l'expliquer de vive voix.

Il ne faudrait pas confondre, comme on le fait mal à propos, la discussion, plus courte, plus rapide, plus passionnée, avec une exposition véritable. Dans la controverse, la contradiction elle-même soutient. Si elle risque de vous dérouter par ses interruptions, elle vous provoque en même temps par ses arguments et vous complète par ses répliques. Il ne manque pas de gens qui, lutteurs assez passables dans un duel oratoire à courtes alternatives, se trouvent tout d'un coup perdus et décontenancés, lorsqu'on leur ouvre un champ sans mesure. Ils se perdent alors comme un mince filet d'eau à qui l'on ôterait ses rives ; tandis qu'il murmurait encore dans la limite étroite des digues, il s'étend jusqu'à disparaître sur cette plaine où rien ne le dirige ni ne le retient.

Le travail écrit présente cet avantage qu'il permet à la parole de se découvrir elle-même par la réflexion, en même temps que de se fixer par la méthode. Le style n'a plus cet élan des mots qu'emporte le flot, ou même ce balbutiement qui renoue le fil. Le jeune auteur peut poser la plume et entreprendre à loisir la poursuite de l'expression qui l'avait fui. La phrase, interrompue sur le papier jusqu'à ce que la ligne suivante se trouve et s'écrive, n'a pas l'effet désagréable du discours suspendu par l'hésitation ou coupé par le silence. Aussi, une improvisation inexpérimentée s'en tire-t-elle presque toujours en recommençant la période sur d'autres bases, tandis que l'écriture est impitoyable : elle demande un verbe pour ce sujet, un second membre pour ce parallèle, un achèvement pour cette période, et, ce qui vaut mieux pour l'avancement de l'esprit, elle vous laisse devant les yeux, sous une forme durable, les obscurités de vos termes et les insuffisances de vos explications.

L'absence du travail écrit rend donc, chez ceux qui s'en dispensent, soit par erreur soit par paresse, la parole moins facile et la pensée moins sûre. Eu égard au but final qu'ils se proposent, c'est-à-dire la possession ferme et disponible d'un certain nombre de connaissances prévues, ce chemin plus court par lequel ils croient passer, ce moindre effort dont ils vantent l'économie, se réduit, en dernière analyse, à rendre plus difficile et plus long sous une autre forme le travail d'appropriation dont ils auront besoin, sans même être certains d'aboutir avec le même avantage et la même solidité de résultats.

III

Un dernier inconvénient vient s'ajouter à tous les autres.

Il faudrait que la nature humaine changeât, si l'on parvenait à prendre des notes avec la même assiduité et la même suite, alors que ces notes cessent d'être destinées à une rédaction.

Si les ouvrages dont on dispose sont capables de dispenser de tout travail individuel, par rapport à l'interrogation qu'on prépare, et s'il suffit de lire pour répondre, est-il bien nécessaire, pendant la leçon, d'écrire pour écouter ? Ne peut-on pas soutenir même, dès qu'on écarte par système toute intervention de la plume, que ce mouvement de la main, ce souci perpétuel du crayon sont

faits pour ôter à l'esprit une partie notable de sa
puissance et de sa liberté? N'est-il pas à craindre
dès lors que le soin de prendre des notes ne de-
vienne une concession faite au professeur, dès
qu'il n'est plus un besoin éprouvé par l'élève?

La dernière conséquence de cet ordre de choses
est un affaiblissement notoire dans la manière d'é-
couter; l'intensité de l'attention diminue, à mesure que le but à atteindre est plus facile. Au
lieu d'avoir à opérer sur la leçon une sorte de
synthèse continue; au lieu de chercher inces-
samment des mots complexes et significatifs qui
la résument sur son petit cahier de façon à en
retrouver plus tard le mouvement, la distribution, et peut-être les termes, l'élève se sent dé-
livré tout d'un coup de toutes ces préoccupations
et de tous ces efforts. Il ne s'agit plus pour lui
pour lui que de paraître suffisamment attentif et
de noter en passant tel détail dont ne parle peut-
être pas le volume. Il s'attache aux particulari-
tés afin de prouver au besoin au professeur, lorsque viendra le jour de l'examen, qu'en effet il
était bien présent à la leçon dont il reproduit
l'exemple, et dont il ira bientôt peut-être jusqu'à
citer aussi le trait ou le bon mot.

On peut trouver regrettable, mais non point extraordinaire, que des notes prises dans ces conditions et sans aucun dessein d'en faire un emploi ultérieur, ne présentent rien de bien attrayant à un élève, lorsqu'il voudra plus tard reprendre et fixer dans son esprit ces études. Il fait, à vrai dire, un acte de sagesse de ne point se reporter à ces phrases inachevées, à cette première intelligence du sujet. Le seul résultat qu'il obtiendrait, avec de tels éléments d'étude, ce serait en définitive de réduire peut-être à la courte mesure de ces lointaines réminiscences toute la science qu'il a pu acquérir depuis lors.

C'est ainsi, malheureusement, que, par une pente insensible mais incontestable, l'étude du droit devient pour beaucoup de jeunes gens une affaire de livres, pour ne pas dire, hélas! de manuels. On finit par imiter, malgré la présence des professeurs, malgré le meilleur enseignement des facultés, ces jeunes gens qui font en province, dans les plus humbles bourgades, leurs études solitaires, sous le bénéfice, obtenu ou tacite, d'une dispense d'assiduité. La science perd sa vie, en même temps que le travail son intérêt, et comme de pareilles études sont nécessairement fort réduites, il en résulte que le temps disponible durant la première année s'augmente et se multiplie d'autant.

Il n'en devient que plus nécessaire d'en trouver l'emploi et d'en assurer le profit.

CHAPITRE II

**Le baccalauréat ès sciences au point de vue des études
de droit.**

I

Ce serait manquer à toute justice comme à
toute vérité de ne pas reconnaître que cette dé-
cadence et cette perte de temps s'accomplissent en
dehors de la volonté et contre l'intention de la
jeunesse. On peut dire ici, en toute exactitude,
qu'elle en est la victime et non pas l'auteur.

Ce n'est point la faute de tant de jeunes
hommes, si, au moment où ils arrivent à Paris, il faut le dire bien haut, tout pleins de ré-

solutions généreuses et animés du plus vif amour du travail, impatients de prendre leur essor et résolus à ne reculer devant aucun obstacle, ils se trouvent en face d'une année à moitié vide, avec la perspective lointaine d'examens rendus faciles par les programmes, et plus faciles encore par l'indulgence traditionnelle des professeurs. Le vif élan qu'ils apportent ne tarde pas à se ralentir; cette activité s'exerce à vide et cherche partout un résultat à poursuivre, un objet solide où se prendre. Je ne sais si je me trompe, mais il y a dans ce débordement d'activité, dans cet éparpillement des forces, dans cette diversité des tentatives, un avertissement sérieux dont les maîtres de la jeunesse devraient faire leur profit.

Beaucoup d'étudiants, à l'heure présente, entreprennent le baccalauréat ès sciences, après avoir conquis leur diplôme dans les lettres.

Des motifs de nature diverse leur conseillent ce complément de leurs études. Un certain nombre de familles prévoient l'obligation impérieuse et universelle du service militaire. Dans ce cas, la loi devra réserver des dispositions spéciales pour les jeunes gens qui, assez riches pour s'équiper et s'entretenir eux-mêmes, satisferont en même temps à certaines conditions d'examen. Le baccalauréat ès sciences leur paraît un commencement de préparation et une garantie de supériorité pour ces examens militaires.

Il y a aussi, en grand nombre, parmi ces jeunes gens, des esprits éclairés et sérieux, qui, tout en reconnaissant aux études littéraires leur valeur et leur supériorité, craignent, dans ce siècle de connaissances positives et scientifiques, d'être un peu dépaysés et dépourvus. Ceux-là répéteraient volontiers, dans un autre sens et avec une autre application, le mot de Bossuet, *qu'on ne peut pas ignorer le genre humain*. Puisque notre civilisation s'éprend moins encore d'observation expérimentale et de mathématiques que de théories physiques et naturelles, ils ne veulent pas être soupçonnés d'impuissance. C'est dans la connaissance et la familiarité même des doctrines adverses qu'ils vont chercher la garantie de leur désintéressement et la sûreté de leur spiritualisme.

Il faut louer, comme ils le méritent, cet effort et ce dessein. Il faut les louer avec d'autant plus de justice, que ce complément des études scientifiques n'est pas toujours facile à aborder et à conquérir. L'étude de la physique et de la chimie,

ou même des diverses branches de l'histoire naturelle, demande, comme on le sait de reste, des
collections, un outillage spécial et une manipula-
tion personnelle. Les familles s'imposent ici, la
plupart du temps, de véritables sacrifices, et les
jeunes gens ne ménagent point leur travail pour
y répondre dignement.

Il n'en devient que plus nécessaire en même
temps que plus pénible de les avertir. Il n'est
malheureusement pas douteux qu'ils font fausse
route, et se méprennent tout à la fois sur le but
particulier qu'ils poursuivent aussi bien que sur
les moyens d'y arriver.

II

Ce n'est point ici le lieu de renouveler, en quelque sorte par accident, une discussion si souvent
agitée relativement à l'influence comparative des
sciences et des lettres sur le développement de nos
esprits.

Sans vouloir porter dans cette controverse aucun

párti pris, ni sacrifier l'une à l'autre ces deux souverainetés parallèles de notre intelligence, il n'est pas contesté que, pour agir d'une façon efficace sur l'avancement et la direction de notre pensée, il est absolument nécessaire aux sciences comme aux lettres, d'élever les esprits au-dessus de la routine des premiers éléments. Tant que nos facultés passent par les voies rigoureusement battues et sont contraintes de s'en tenir aux formules, elles ont d'autant moins de profit à en retirer que ces formules sont plus étroites et plus rigoureusement présentées.

C'est là précisément ce qui arrive pour l'enseignement scientifique proprement dit, tant que l'élève n'en a point franchi les difficultés élémentaires et dépassé les premiers horizons. On peut ainsi soumettre une intelligence au mécanisme des mathématiques, à la mémoire des classifications ; on peut même la familiariser avec le maniement de certaines expériences et l'emploi de certains réactifs, sans avoir en effet pénétré jusqu'au fond de sa pensée. On lui communique ainsi un savoir de surface qui laisse les facultés pratiques de la vie à tout leur désordre et à toute leur faiblesse.

Il faut bien avouer, malgré toute l'importance de ce grade dans certaines carrières, que le baccalauréat ès sciences ne dépasse guère ce niveau, et ne peut exercer sur la formation de l'esprit qu'une action bien médiocre, surtout pour un candidat qui a déjà obtenu son diplôme de bachelier ès lettres. Les hommes compétents vous diront que le baccalauréat ès sciences roule, à très-peu de chose près, sur les mêmes questions qui constituent la partie scientifique du baccalauréat ès lettres. La différence entre les deux épreuves tient à la difficulté de l'examen, mais non pas du tout à l'étendue des programmes. Tandis que, dans un jury de lettres, le professeur de sciences se montre, à bon droit, coulant et facile ; tandis qu'il se contente de réponses superficielles et incomplètes, attestant souvent l'ignorance la plus regrettable des méthodes mêmes de la science, en revanche, il insiste sur ces mêmes matières lorsque le candidat reparaît devant la Faculté des sciences. Il s'assure alors que les connaissances sont exactes, les démonstrations comprises, les expériences suivies.

La préparation au baccalauréat ès sciences témoigne donc d'efforts plus sérieux, d'une assimi-

lation plus réelle, d'une préparation plus assidue ;
mais au fond, il n'y a rien de plus complet ni de
plus élevé dans ce nouveau travail de l'esprit. Il
ne s'agit point du tout encore de sortir des éléments, d'aborder les recherches personnelles,
d'entreprendre les études du second degré. Les
examinateurs les plus expérimentés, ceux qu'a
depuis longtemps éclairés une pratique simultanée
des examens des lettres et des sciences, vous diront qu'un bon élève, capable de répondre sur la
partie scientifique du baccalauréat ès lettres jusqu'à mériter la mention *bien* ou *très-bien*, est déjà
véritablement en mesure pour le baccalauréat ès
sciences. Ce qui lui reste n'est plus qu'un travail
en quelque sorte mécanique, qu'une préparation
de la dernière heure. Tout l'effort intellectuel a
déjà été fait, et tout le résultat qu'on en peut attendre, définitivement conquis.

Le diplôme de bachelier ès sciences n'est précisément recherché, parmi les bacheliers ès lettres,
que par les candidats auxquels l'épreuve des
sciences n'a pas trop coûté et n'a pas trop été
défavorable. Ce qui revient à dire, en d'autres
termes, que ceux-là seuls songent à ce complément de leurs études scientifiques qui n'en ont

réellement pas besoin, et qui, au point de vue de la formation de leur esprit, en ont déjà retiré à peu près tout ce qu'ils en pouvaient attendre.

Si les études de droit se trouvaient plus tard comporter ou permettre quelque suite à ces efforts, il faudrait les encourager vivement. Le baccalauréat ès sciences, considéré comme introduction aux licences du même ordre, acquiert tout d'un coup une importance et un prix considérables ; mais il ne faut point ici se faire d'illusions ; ce parallélisme des grades ne va pas plus loin. Beaucoup d'esprits littéraires gardent de ces études complémentaires de précieuses qualités, mais les premiers éléments des sciences y auraient suffi. Ce deuxième baccalauréat n'y a certainement pas ajouté en proportion des efforts qu'il a demandés et du temps qu'il a absorbé.

CHAPITRE III

**De la pratique des affaires pendant les études
de droit.**

I

D'autres moyens ont été employés et d'autres
exercices imaginés pour combler le vide de cette
première année.

Il ne manque pas de jeunes étudiants qui tra-
vaillent en vue d'une carrière différente de celle
du barreau. Une fois reçus avocats, ils se proposent
de devenir avoués, notaires, officiers ministériels,
hommes d'affaire. Même dans la carrière du bar-

rcau proprement dit, on regarde comme fort utile la connaissance pratique de la procédure, le maniement et la rédaction des actes.

Il n'est donc pas étonnant que beaucoup de familles tiennent à faire inscrire leur enfant dans une étude de notaire ou d'avoué. Il y a sa place et son pupitre. Il ne quitte son patron que pour se rendre au cours. Au lieu de compléter ses connaissances, de lire, de travailler pour son propre compte, d'acquérir enfin ces notions générales d'où résulte la supériorité personnelle, il ne réserve à la préparation immédiate et spéciale des examens qu'un petit nombre d'heures. Il instrumente, il grossoie, il rédige des exploits. Il fait enfin de son mieux tout ce qui concerne la partie courante et technique du métier.

Il y aurait une haute inconvenance à parler trop sévèrement de ce parti, alors que, pour beaucoup de jeunes gens, ce n'est pas seulement une occupation qui les retient mais une nécessité qui les force. On ne fait pas toujours assez entrer en ligne de compte les sacrifices que s'imposent les familles. Les jeunes gens, eux, le savent bien ; et s'ils peuvent parfois l'oublier dans l'imprudence de leur conduite, il faut bien reconnaître qu'ils ne le perdent

jamais de vue dans la reconnaissance et la délicatesse de leur cœur. C'est toujours une dépense
considérable, même dans un budget aisé, qu'une
année de séjour de plus. Nous vivons d'ailleurs
dans un temps qui nous dévore. C'est une in-
quiétude et presque une alarme d'avoir à retarder
d'un an le moment où la carrière d'un jeune
homme sera décidée et entreprise.

Sous le bénéfice de ces réserves, et en faisant
aux exigences des positions une part aussi large
que possible, il faut bien dire cependant aux intéressés, et particulièrement aux familles plus
aisées, que c'est là faire complétement fausse
route.

Une pratique prématurée, bien loin de les
introduire à une connaissance plus efficace du
droit, ne fait que les en détourner : elle leur en
ôte le goût, et substitue à l'intelligence des idées
les formules arides du code.

On peut, on doit même accorder à la forme juridique l'importance qu'elle mérite. Le respect
scrupuleux de la lettre jusque dans le moindre
détail des prescriptions, n'est pas une simple formalité : c'est quelque chose de plus, et le législateur a mis, à l'origine, une pensée et un motif jus-

que dans les prescriptions qu'on croirait les plus
insignifiantes. Il est bien entendu toutefois qu'en
matière de droit, comme partout ailleurs, la lettre
tue et l'esprit vivifie. On peut pardonner à un
praticien blanchi dans le métier de perdre un peu
de vue, avec le temps, la raison juridique des actes
qu'il accomplit avec une ponctualité si parfaite :
l'expérience, cette maîtresse sans prix qu'on n'est
jamais parvenu à remplacer entièrement, lui a
donné sur ces formalités apparentes des lumières et des raisons qui échappent tout à fait
au débutant. Celui-ci se trouve donc, lorsqu'on
le met aux prises avec les devoirs de la clientèle,
dans une situation vraiment fâcheuse. Comme il
lui faut pourvoir aux nécessités de chaque jour et
répondre sans délai à ce qu'on attend de lui, il est
forcé de réduire ses préoccupations à la mécanique pure du métier. Il n'a ni le loisir, ni souvent la pensée de demander à qui de droit le com-
mentaire des actions qu'il accomplit. Faute de
cette première donnée et sous l'obsession inces-
sante des affaires, les circonstances les plus in-
structives lui échappent et ne le forment pas. Il
lui arrive, comme à la plupart des hommes, de
traverser les événements et même de s'y mêler,

sans que ces événements deviennent pour eux de l'expérience. Ils n'en voient que la surface et n'en possèdent pas la clef.

II

L'étudiant en droit conserve, il est vrai, par devers lui une ressource dont il peut faire usage et qui est de nature à lui suffire. Il est précisément placé par les leçons qu'il entend, par les livres dont il use, par les examens qu'il prépare, à la source même du droit. Il dépend de lui de faire un rapprochement fructueux entre la pratique dont il a le spectacle et les principes dont on lui donne la doctrine. Il est ainsi en mesure de rattacher la théorie à la réalité et d'expliquer, à son grand profit, les détails de la procédure par les motifs les plus élevés de la loi.

Voilà sans doute le but à atteindre, et il n'est pas douteux que beaucoup de familles aient en vue cet avantage, lorsque, sans aucune raison de se hâter ni aucune impatience d'arriver plus tôt au terme, elles prennent la résolution d'initier de si bonne heure le futur jurisconsulte aux mystères des exploits et des dossiers.

Ce serait sans doute aller beaucoup trop loin que de condamner absolument ce système et de soutenir qu'il n'est avantageux pour personne. Il n'est pas impossible de concevoir des esprits vigoureux, dans la pensée desquels se réalise cette harmonie et s'accomplisse cette alliance. On rencontre, même dans des situations modestes, des hommes qui ont gardé le culte du droit, qui l'ont travaillé pour leur propre compte. Ceux-là, au lieu de confiner la jeunesse dans les formules purement professionnelles, se font un devoir et une joie d'initier leurs nouveaux auxiliaires, non pas seulement aux habitudes du métier, mais aux raisons mêmes des lois. Ils veillent à ce que la fusion se fasse entre les idées de l'enseignement et les faits de la pratique. L'aptitude aux affaires la plus consommée se concilie parfaitement dans le fond avec la science la plus haute des principes.

On nous accordera sans peine qu'une maturité si précoce dans les esprits des jeunes gens, ou un dévouement si éclairé dans la conduite des patrons, constituent une évidente exception. Cette exception ne prouve rien pour le plus grand nombre des cas, et les lois qui gouvernent l'intelligence humaine reçoivent presque toujours ici leur plein et entier accomplissement.

III

Notre pauvre esprit, si complexe lorsqu'il s'agit de se répandre, devient tout d'un coup simple et, pour ainsi dire, unique, lorsqu'il lui faut se concentrer. Il est rare que nous puissions poursuivre en même temps un bien grand nombre d'objets. Il faut, pour passer d'un sujet à un autre, ou cette légèreté heureuse qui se contente de les effleurer, ou cette vigueur exceptionnelle que peut seul donner un long emploi des méthodes philosophiques. A plus forte raison, s'il s'agit, non plus comme nous le disions de passer d'une région dans une autre, de faire appel à des moyens de connaitre différents et incapables de se confondre, mais de considérer, par un effort de l'abstraction, un même ordre de connaissances sous des aspects opposés.

C'est précisément là la situation intellectuelle dans laquelle l'initiation pratique place l'étudiant en droit. Il lui faudrait, au début même de la science et à la première heure de la réflexion, faire pour ainsi dire deux parts de son propre esprit : réserver les facultés contemplatives et la curiosité élevée de son intelligence pour les heures de l'enseignement théorique et des recherches personnelles, tandis que, rentré au logis, il n'aurait plus qu'à refouler ses aspirations scientifiques, pour reprendre le chemin du palais et préparer les dossiers des audiences.

Il ne faut pas se le dissimuler : dans le conflit inévitable que comporte une pareille combinaison, dans la lutte qui s'établit entre le besoin de savoir et la nécessité d'agir, c'est presque infailliblement la science qui succombe. Elle est encore trop peu connue et trop peu avancée dans l'esprit du jeune homme, pour exercer sur lui une bien grande séduction. Les éléments de toute connaissance sont ingrats, et, le plus souvent, ne laissent pas deviner, même aux esprits les plus perspicaces, la grandeur des perspectives et l'importance des résultats. Au contraire, dès la première heure, la pratique jette le jeune clerc dans la réalité la plus instante. S'il y a quelque intérêt dans la besogne des expéditions, cet intérêt apparaît tout entier dès l'abord; il est même plus vif et plus attachant en raison de sa nouveauté.

Il n'est donc pas étonnant que, par la force même des choses, la théorie se trouve en définitive avoir tort et qu'elle pâtisse dans ce partage inégal des occupations. Reléguée au second rang, devenue un approvisionnement d'examen et non plus une satisfaction de l'esprit, elle ne figure plus dans les intelligences. Il faut bien appeler les choses par leur nom ; la science du droit tombe ainsi dans une sorte de matérialisme pratique. C'est ainsi qu'on substitue le récolement des arrêts à la discussion des principes. On ne nie point que les principes existent ; seulement on n'en fait plus aucun usage. Au lieu d'acquérir l'expérience à la suite du savoir qui l'explique, on se contente d'une routine prématurée qui tend à décourager les plus sages de toute velléité d'apprendre réellement.

Il n'y a donc pas lieu d'attendre d'une application hâtive et forcément inintelligente le complément des études de droit.

CHAPITRE IV

Des conférences entre élèves et de la vraie méthode
d'improvisation.

I

On ne saurait trop admirer les efforts des jeunes
gens pour échapper à l'inactivité et à la paresse
que leur destine l'insuffisance des occupations
pendant la première année du droit.

Ils ont institué entre eux des conférences, des
cercles, des réunions plus ou moins nombreuses
où se traitent des sujets, se discutent des questions, se mûrissent de jeunes talents, se préparent
de futurs écrivains et de futurs orateurs.

Il y a ici diverses remarques à faire.

Quelles que soient la nature des sujets choisis par ces réunions et l'organisation qui y préside, on est frappé tout d'abord d'une circonstance, c'est qu'il est bien rare que l'on y pratique le travail écrit, j'entends le travail de création et de composition.

Il s'agit presque toujours ou d'une exposition orale sur laquelle les assistants doivent présenter ensuite leurs réflexions, soit d'une question à débattre dans laquelle le principal contradicteur a déjà fait connaître ses thèses et permis ainsi de préparer des arguments. On a désigné d'avance un rapporteur, qui tantôt fait l'office d'un simple secrétaire et tantôt s'interpose en donnant ses propres conclusions. Ce rapport, lu d'ordinaire à l'une des séances qui suivent, et il serait à souhaiter que ce fût toujours le plus tôt possible, est habituellement la seule pièce écrite qui figure dans les travaux de la conférence. Il n'est pas besoin de dire que cette espèce de procès-verbal plus ou moins détaillé n'a rien à démêler avec un travail original, et qu'il ne saurait compter comme une œuvre d'écrivain.

Cet emploi exclusif de la parole comme instrument et comme préparation de l'éloquence, atteste, avec quelque velléité de paresse, une méprise fâcheuse.

J'ai dit paresse, et le mot n'est pas trop fort. Seulement, il s'applique non pas à la jeunesse, mais hélas! à la nature humaine elle-même, et souvent aux intelligences les plus distinguées.

Je ne connais pas dans le monde de plus rude travail que celui d'écrire, lorsqu'on veut prendre en même temps la peine d'y appliquer les règles de la méthode et du style. C'est une souffrance continue et souvent bien douloureuse pour l'amour-propre, que de sentir, à chaque instant, au contact des mots et devant l'insuffisance de ses propres phrases, s'évanouir toutes les prétentions qu'on pourrait caresser en soi-même, à la clarté, à la profondeur, à la distinction. Lorsque nous avons vaincu les rébellions de la langue, satisfait à ses exigences et achevé notre rédaction, le plus intrépide amour-propre, pour peu qu'en conserve encore quelque goût et quelque habitude littéraire, est obligé de s'avouer, non pas peut-être sans une certaine compensation d'orgueil intérieur, que notre pensée est bien au-dessus de notre style. Nous portons ainsi en nous-mêmes un idéal auprès duquel languit notre plume aussi bien que notre conduite.

Mais, la plupart du temps, la jeunesse n'arrive point à cette déception, parce qu'elle ne passe point par ces efforts. Elle pratique volontiers la préparation mentale, et l'on pourrait citer des professeurs de hautes lettres, qui luttent des mois et presque des années entières pour obtenir des candidats des plans écrits et rédigés sous une forme arrêtée.

Cette vue intérieure de soi-même, des problèmes qu'on médite, des effets qu'on prépare, des triomphes qu'on se promet, a quelque chose de séduisant où l'on se complait. On est le plus souvent frappé de la grandeur, de la nouveauté, de la puissance de ses propres idées. Tant qu'elles demeurent encore à l'état de nébuleuses, elles paraissent grandioses pour n'avoir pas de limites; il est bien difficile d'en apprécier le poids et d'en suivre le mouvement; mais qui sait ce qu'elles vont devenir, en passant du silence indécis de la pensée aux formes arrêtées de la parole? L'imprudent orateur ne voit pas qu'il est loin d'avoir préparé son discours; il n'a fait que le rêver. Il attend de l'improvisation non pas l'expression, mais l'achèvement de ses vues. Il compte que les hasards de l'entraînement et l'excitation du milieu lui donneront ce qu'il n'a pas eu le courage ni la prévoyance de demander au labeur de l'analyse et de la composition écrite.

Dans ces conditions, se préparer à la parole par la parole elle-même, c'est, dans toute la force du terme, s'en tenir à un cercle vicieux; c'est travailler pour l'avenir à sa propre incapacité.

Ces remarques expliquent pourquoi, dans la plupart des conférences, il ne manque pas d'orateurs pour argumenter tandis qu'il s'en trouve si peu pour exposer. Cette facilité apparente de la controverse trompe beaucoup de jeunes gens qui ne se rendent pas assez compte des procédés de l'esprit.

II

Ce qu'il y a de plus difficile en matière d'éloquence, c'est d'opérer en grand, et d'accomplir sur

un sujet donné une œuvre complète et sérieuse.
C'est là le but suprême vers lequel devraient tendre
tous les efforts de ceux qui s'exercent, et c'est là
précisément ce que rend impraticable l'emploi
constant de la controverse. Au lieu de marcher
par vos propres forces et de prendre votre élan en
vous-même, vous avancez par soubresauts à mesure que l'obstacle d'une objection se met en quelque sorte en travers et fait rebondir votre esprit.
Toute votre verve et toute votre abondance dé-
pendent de ce barrage artificiel. Le malheur est
qu'il ne manque pas dans le monde de causeurs
et de polémistes artificieux, qui tout d'un coup se
dérobent, se taisent, et laissent ainsi mourir de
sa belle mort cette improvisation intermittente,
laquelle ne pouvait marcher sans être remon-
tée.

L'éloquence par entraînement a d'autres inconvénients encore.

Non-seulement elle ne forme et ne mûrit pas
la parole; non-seulement elle l'habitue à compter
sur des hasards qui ne peuvent pas se renouveler
ou sur une excitation qui ne saurait se soutenir,
mais elle a le tort grave d'étendre pour ainsi dire
l'improvisation, du discours à la pensée. Comme

les vues demeurent confuses et le travail intérieur
inachevé, il arrive que l'éclaircie se fait seulement
pendant le cours de l'exposition. L'orateur ne sait
pas précisément où il veut aller lorsqu'il se met
en route. Il n'est donc pas trop étonnant qu'à la
fin, il ne se rende pas toujours exactement compte
du point où il est arrivé. C'est ainsi que naissent
souvent d'une pure association d'idées ou d'un
entraînement fortuit des mots, telles opinions sin-
gulières et excessives. On les aurait désavouées
d'avance si elles nous avaient été présentées avant
notre discours ; mais, excités par notre inspiration
ou trahis par notre gêne, embarqués dans des
développements sans issue, ou peut-être vulgai-
rement embarrassés par le choix d'une épithète,
nous avons fini, pour nous en tirer, par engager
et par compromettre notre opinion.

Tout homme qui prend la parole, à moins qu'il
ne dispose d'une puissance d'esprit sur laquelle
il ne faut pas compter, doit donc absolument
s'être représenté par écrit, sous une forme arrêtée et définitive, ce qu'il veut exprimer dans son
discours. Toutes ces locutions fausses, et cependant accréditées, qui nous entretiennent de l'*inspiration*, de l'*entraînement*, de l'*échauffement de*

la parole, sont faites pour nous tromper et pour nous séduire.

C'est une pauvre éloquence que celle de l'ivresse et de la passion à froid ; elle ressemble de tous points à ces bonheurs de style qui surviennent parfois à la plume la plus vulgaire, lorsqu'elle rencontre, au prix de la mort d'une mère ou d'un enfant, trois ou quatre phrases élevées et attendries.

La parole vraiment oratoire n'a point à se mettre en quête de ces fortunes, ni à provoquer par un régime factice la reproduction maladroite de sentiments ou d'émotions qu'elle n'éprouve pas. Elle doit absolument arrêter, non-seulement les limites et le cadre mais encore les principaux linéaments. Elle doit remplir d'avance les intervalles et arriver jusqu'au style, de la même façon que les grands peintres recherchent et arrêtent dans leurs cartons le choix des nuances et l'effet des couleurs.

Lorsqu'un travail sérieux aura été ainsi poussé jusqu'au bout ; lorsqu'il aura atteint, sans faiblesse, sans lacune, sans complaisance, cet état de complet achèvement qui le met en mesure d'être imprimé dans un recueil, ou, à plus forte raison, d'être lu devant une assemblée, ce serait

assurément demander l'impossible, que de proposer à ce jeune écrivain l'abandon et le silence de
son œuvre. Je trouve tout naturel qu'il se fasse
honneur de ses recherches et qu'il donne ainsi à
la discussion future une base solide. Mais si j'avais
à diriger complétement un jeune homme, s'il
avait en moi assez de confiance pour se préparer
une parole éloquente et inébranlable par un acte
de courage et d'abnégation, je lui conseillerais
de toutes mes forces un parti plus décisif et plus
avantageux.

Je lui dirais, avec une conviction profonde :
« Laissez là votre travail écrit, renoncez à la vaine
« satisfaction d'en recueillir le succès et d'en faire
« apprécier le mérite. Voilà le moment de vous en
« remettre de nouveau à l'improvisation; et, ici
« encore, ne vous laissez pas ressaisir par la rou-
« tine. Défiez-vous maintenant du travail accom-
« pli; défiez-vous-en plus que du hasard et de
« l'incertitude. Mettez hardiment de côté ce que
« vous avez fait, et surtout gardez-vous de l'étudier
« et de le relire. Il vous suffira de refaire de mé-
« moire ce plan que vous avez développé et de
« retrouver par la réflexion le cadre que vous avez
« rempli. Plus vous aurez oublié les détails de

« style, les traits, le mouvement des phrases,
« l'arrangement des périodes, l'introduction ou la
« chute de chaque morceau, mieux cela vaudra
« pour le succès de votre discours. Il ne s'agit
« pas, en effet, de retrouver par la mémoire ce
« que vous avez pu écrire. Un article n'est pas un
« discours, et il n'est complétement bon qu'à la
« condition d'en différer sensiblement. Ce que
« vous garderez de votre premier travail, ce n'est
« pas la forme mais la pensée. Contrairement à
« ce que croient les jeunes gens, c'est toujours la
« pensée qui les trahit et jamais la forme. Arrêtés
« court et réduits à balbutier, ils s'imaginent que
« le mot leur manque. Ils cherchent bien, en effet,
« une certaine expression déterminée qui ne leur
« vient pas; mais si cette expression se refuse à
« leurs lèvres, c'est que l'idée capable de la suggé-
« rer infailliblement est encore indécise et en voie
« de formation dans le fond de leur intelligence. »

On s'estimerait heureux, et l'on se croirait largement payé de ses peines, si l'on pouvait suggé-
rer à quelqu'un la bonne pensée d'essayer une fois
cette méthode. On peut en croire ici un homme
qui a été assez heureux pour persuader cette expérience à un certain nombre de jeunes gens. Le

résultat n'a jamais manqué de se produire et ne s'est jamais fait trop attendre. Les succès de la parole obtenus par la réflexion ont cet avantage, qu'ils attestent une formation réelle de l'esprit, et non pas un concours heureux de circonstances. Il ne manque pas de gens qui ont été éloquents une fois dans la vie : le difficile, c'est de l'être toujours, et de l'être à coup sûr.

III

Une controverse bien préparée de part et d'autre peut encore être utile et mûrir les talents qui se destinent au barreau. Il y faudrait toutefois une condition que je ne vois presque jamais réalisée dans ces luttes préparatoires.

Une discussion n'a de valeur et n'aboutit, qu'autant qu'elle est dirigée tout à la fois avec beaucoup de fermeté et beaucoup d'intelligence. Je ne parle pas, bien entendu, de l'ordre matériel, du haut respect des convenances et de cette dignité

des personnes qu'aucun écart ne doit compromettre. Les jeunes gens, il faut se hâter de le
reconnaître, suffisent amplement à cette besogne,
et je n'hésite pas à dire qu'à le bien prendre, ils
s'en acquittent mieux que nous. Il y a dans toutes
ces conférences une tenue, un ordre, une attitude
décente et polie qui pourraient faire l'envie et
l'exemple de plus d'une réunion politique.

Les jeunes présidents, dont personne, dans ces
libres élections, ne conteste l'autorité ni le mérite, laissent peut-être à désirer sur un point, et
il convient de s'en expliquer franchement.

Il y a, tout en laissant à la discussion son
indépendance et ses libres allures, ses digressions
et ses saillies, il y a un art de la diriger par une
large voie vers un but aperçu d'avance, et où tendent à leur insu les arguments des orateurs les
plus opposés. La véritable supériorité de celui qui
maintient à chacun son tour de parole consiste
précisément à apercevoir ce but, et à se rendre
par anticipation un compte exact des principaux
arguments qui peuvent être présentés pour ou
contre. Cette attitude dominatrice, ce coup d'œil
désintéressé et impartial, n'excluent en aucune
manière la décision de l'intelligence et la fermeté

des doctrines. Il est bien certain que vous ne sauriez avoir pour votre compte une opinion un peu solide, sans connaître mieux que vos adversaires, s'il est possible, les raisons qu'ils pourront alléguer en leur faveur.

Cette direction lointaine, et soigneuse de respecter les opinions, de la même façon que la Providence conduit et respecte à la fois la liberté de l'homme, est plus nécessaire et plus loyale encore dans les controverses de l'esprit que dans les résolutions de la politique.

Lorsqu'il s'agit d'action gouvernementale, le devoir d'un président ne s'étend pas jusqu'à prévoir les résultats, et la part de l'imprévu ne saurait avoir d'autres limites que celles de la constitution. Au contraire, lorsque des esprits élevés et de bonne foi discutent entre eux un problème pour l'éclairer, il y a parmi eux, avant même que la discussion s'entame, un parti pris et arrêté de permettre à toutes les opinions de se produire, de leur donner dans le champ clos leur part d'air et de soleil, et de ne point laisser périr un argument ou une doctrine par la faiblesse d'un de ses représentants.

Voilà pourquoi il serait vraiment utile qu'une

personne plus âgée et plus mûrie eût habituellement la direction des débats; non pas seulement
quelque jeune docteur, devançant d'une année
ou deux ses camarades, mais quelque avocat
émérite, quelque littérateur rompu à ces études.

On a eu parfois recours, en province surtout, à
de semblables présidences, et l'on s'en est toujours
bien trouvé. A Paris, on s'en est passé jusqu'à
présent. Il faut ajouter, pour être sincère, qu'à
Paris surtout, une pareille mesure n'est point sans
inconvénient, ni un pareil choix sans difficulté.

Le caractère français, surtout chez les personnes
d'une certaine valeur intellectuelle, est porté à la
pose et à l'empiétement. Les meilleurs, ceux-là
même qui cherchent le bien et qui l'accomplissent
avec le plus de dévouement, ne négligent pas toujours leur petit effet. On ne trouverait pas beaucoup de gens capables de s'effacer et de se réduire
volontairement au néant, pour jouer à petit bruit
parmi ces jeunes gens le rôle anonyme d'une
méthode vivante. On ne résisterait guère à la
tentation, excusable, après tout, de faire devant
eux la preuve de son esprit et de son savoir.
Le jour où le président traiterait la question, au
lieu de veiller simplement à l'ordre logique, la

conférence perdrait tout d'un coup, comme par enchantement, toute son utilité en même temps que tout son charme. Les plus éminents de la réunion trouveraient un motif de découragement dans une comparaison injuste, et les moins disposés au travail compteraient sur un supplément de lumières dans une leçon prévue.

CHAPITRE V

Du choix des sujets dans les conférences littéraires.

I

Il est à remarquer que les sujets traités dans les conférences particulières où s'exercent les élèves de première année sont bien loin d'être toujours, ou même le plus souvent, des questions de droit. Ils reconnaissent d'eux-mêmes, avec un sens pratique qui leur fait honneur, la difficulté de se lancer dans des recherches originales, alors qu'ils en sont encore aux notions élémentaires de la science. Ils sentent avec un admirable instinct

qu'ils éviteraient malaisément le double inconvénient, ou de répéter sous une autre forme et sans
aucun complément d'idées, l'enseignement si
récemment reçu, ou de s'embarquer inconsidéré-
ment dans des théories hasardées et dangereuses.

A défaut de travaux de droit, beaucoup de conférences se livrent à des études littéraires. Les
jeunes gens comprennent à merveille que la première éducation classique, telle qu'elle est pratiquée parmi nous, se réduit plutôt à une préparation qu'elle ne constitue un résultat. Ils estiment
avec juste raison que cette littérature du collége
et cette philosophie des classes ne pénètrent pas
assez avant dans la vie. Ils veulent, pendant qu'il
en est temps encore, s'apprendre entre eux à pra-
tiquer la critique avec un certain goût, la composition avec une certaine puissance, la réflexion
avec une certaine profondeur.

Les moyens mis en œuvre pour parvenir à ce
résultat diffèrent suivant les réunions.

Presque partout, la plus grande liberté est
laissée au choix des sujets. L'initiative particulière ne subit aucune contrainte; elle ne reçoit
pas même de conseils. La seule précaution qu'on
prenne généralement se réduit à l'obligation de

faire connaître d'avance le sujet dont on parlera,
de façon à ce que chacun puisse y réfléchir et y
travailler aussi. Mais le hasard seul des inscriptions détermine l'ordre des matières : on passe
sans transition et sans préparation d'un sujet à
un autre sujet, et même d'une science à une
autre science.

A défaut d'autre résultat, cette variété entretient
la souplesse des esprits. Si cette instabilité risque
de communiquer aux intelligences une légèreté et
une insuffisance regrettables, elle donne, en revanche, aux natures bien douées et actives une
promptitude et une vigueur qui ne sont point à
dédaigner.

Pour que cette méthode, fort sujette à la critique et fort vulnérable du reste sur d'autres
points, portât tous ses fruits, il faudrait que le
sujet choisi par chaque membre répondit de sa part
à un effort sérieux et représentât une préoccupation réelle. Malheur, dirai-je, aux esprits qui ne
trouvent pas où se prendre dans les choses de
l'âme ! Aux uns la méditation des idées, aux autres
les délicatesses de la critique ; à un troisième et
à un quatrième les scrupules de l'histoire, ou
encore les créations de la poésie et de l'éloquence.

C'est dans l'ordre d'idées où chacun se sent assez puissant pour y être vraiment passionné, qu'il devrait prendre le sujet dont il entretiendra la conférence. L'ensemble des questions traitées résumerait ainsi les puissances individuelles.

Il ne faudrait peut-être pas appeler chacun des jeunes conférenciers à faire ici sa confession publique, et à nous donner par le détail la liste exacte des motifs qui ont pu dicter ses choix. On verrait, comme on s'en doute bien par avance, que ces jeunes réunions sont déjà l'image du monde dont elles sont si voisines. Plus d'un sujet a été abordé et plus d'une question soulevée, non pas en raison de la capacité ou de la disposition de l'orateur à les traiter, mais pour répondre à telle préoccupation du moment et exploiter à son bénéfice quelque intérêt de popularité éphémère.

Sans vouloir rien dire de pénible pour personne, il faut bien reconnaître qu'une fois sur cette pente, ces jeunes esprits ne savent pas toujours se défendre de travaux moins dignes d'eux. L'analyse d'un vaudeville à succès, une étude sur un roman destiné à mourir dès qu'il aura eu son effet pécuniaire, un débat sur une question politique où les passions se surexcitent sans que les esprits s'éclairent, représentent beaucoup de temps perdu, beaucoup d'idées fausses, beaucoup de préjugés regrettables.

Les observations que nous avons présentées jusqu'ici se résument d'elles-mêmes en une conclusion aussi simple qu'incontestable : les études de la première année de droit ne sont pas organisées de façon à en utiliser l'activité; et d'autre part, les tentatives si honorables qui ont été faites pour suppléer à cette insuffisance n'ont pas été assez heureuses jusqu'ici pour qu'il n'y ait pas lieu de chercher quelque chose de plus satisfaisant.

CHAPITRE VI

I

Un arrêté qui, semblable à beaucoup d'autres,
a fait plus de bruit que de besogne, avait été pris,
il y a quelques années, par le ministre de l'instruction publique.

Cet arrêté témoignait hautement de l'oisiveté
à laquelle étaient en quelque sorte prédestinés
les élèves de la première année de droit et de la
nécessité d'y porter remède. La mesure était à la
fois fiscale et intellectuelle ; il s'agissait d'assurer

la présence réelle des élèves à deux des cours professés dans les facultés des lettres. On laissait d'ailleurs à chacun toute liberté de consulter à cet égard ses préférences personnelles. Chacun pouvait choisir à son gré entre les différentes chaires. En même temps, on astreignait les élèves à payer la rétribution exigée des candidats à la licence, lorsque ces derniers prennent les inscriptions voulues pour se présenter devant leurs juges.

Il faut assurément louer les intentions primitives qui ont conseillé cette mesure. Le malheur est, comme il arrive souvent en France, que, par la négligence des administrations et aussi par la résistance des intéressés, il n'est resté de cette tentative, qui aurait pu devenir féconde si elle avait été soutenue et régularisée, rien autre chose qu'une pure formalité et un nouvel impôt universitaire levé sur les familles.

Aujourd'hui, il n'est pas rare de trouver des étudiants qui, après avoir porté leur argent du trimestre à la faculté des lettres, ignorent jusqu'au nom des cours qu'ils sont tenus de suivre et des professeurs qu'ils sont censés écouter. Le secrétaire ne prend pas la peine de les en informer, et, comme me le disait récemment l'un d'entre eux, *ce fonctionnaire les avait inscrits sur la page du professeur où il restait encore de la place.*

Il était permis assurément aux véritables amis des lettres et de la jeunesse d'attendre un autre profit de cette amende trimestrielle imposée aux étudiants. Le bruit qu'on avait fait et les intentions qu'on avait manifestées méritaient de finir moins piteusement.

On devait tout à la fois inspirer aux jeunes gens le goût des hautes études et assurer aux facultés de province un auditoire qui leur manquait. Le résultat le plus clair d'une invasion qui ne devait pas durer a été d'éloigner, dans plusieurs villes, un certain auditoire paisible, intelligent, craintif, composé en grande partie de personnes âgées, de dames et même de demoiselles, n'en déplaise à la gravité de la Sorbonne. Quant aux résultats littéraires, ils ne se sont pas révélés jusqu'ici et nous n'avons point vu, de ce chef, augmenter depuis lors le nombre des candidats à la licence.

N'y aurait-il pas quelque chose à faire dans ce sens? La licence ès lettres, telle qu'elle se pratique aujourd'hui, peut-elle être proposée aux étudiants comme un but à poursuivre? Répond-elle pleinement à l'attente du travail qu'elle exige? Ne demanderait-elle pas certaines modifications pour correspondre aux besoins littéraires des étudiants, et devenir ainsi l'étude tout à la fois préparatoire et complémentaire du droit?

LIVRE II

LA LICENCE ÈS LETTRES ACTUELLE, CONSIDÉRÉE COMME
MOYEN D'UTILISER LES LOISIRS DU DROIT

CHAPITRE PREMIER

Les épreuves écrites de la licence ès lettres actuelle.

———

I

La licence ès lettres, telle qu'elle est maintenant organisée, ne représente pas pour le futur
avocat un effort entièrement utile.

Elle comporte certaines épreuves difficiles, et
à peu près inapplicables à l'avancement littéraire
d'un homme du monde ou d'un magistrat. La
façon dont, par suite de nécessités de profession
universitaires, la plupart des juges entendent et

appliquen le règlement, contribue à rendre cet inconvénient plus sensible.

Les épreuves de la licence sont d'abord écrites ; puis, après une première élimination des candidats reconnus insuffisants, elles deviennent orales.

Suivons-les dans l'une et dans l'autre de ces deux phases.

Les compositions écrites comportent quatre facultés différentes : une dissertation française, une dissertation latine, une pièce de vers latins, un thème grec.

La dissertation française et la dissertation latine roulent sur des points de littérature, d'histoire, de morale, de philosophie.

Les traditions et les usages des facultés sont ici fort divers, et il y aurait peut-être à cet endroit quelques réformes à faire. Tel doyen use peut-être plus que de raison du privilége que lui confère la lettre du règlement. Il a le droit, dit le texte, de choisir les sujets, avec l'assentiment de ses collègues. Le plus souvent, cette communication n'est qu'une affaire de pure forme, ou même il n'en est pas question. Il est bien difficile alors que, suivant la nature de la chaire investie du *décanat*, la nuance et le choix habituels ne soient pas modifiés dans un sens uniforme. Telle ou telle faculté voit ainsi, suivant la tournure d'esprit de son doyen, prédominer l'érudition ou la critique, les questions d'histoire, de philologie, de littérature.

La dissertation française et la dissertation latine, malgré ces inconvénients auxquels il est bien facile de porter remède, n'en représentent pas moins, si je puis parler ainsi, la substance même de notre éducation. Le futur licencié en droit qui doit rédiger une thèse en latin, n'a rien à perdre à continuer le maniement de cette langue. Quant à écrire le français, je ne pense pas qu'il ait, au sortir du collége, la prétention d'y avoir déjà réussi.

Restent donc les vers latins et le thème grec.

Il convient de nous en expliquer en toute franchise

II

Le thème grec, il faut bien l'avouer, est une épreuve tout à la fois pédante et inutile. Elle n'a pas même le mérite qui pourrait encore l'excuser, d'attester une connaissance véritable de la langue grecque. Elle semble créée à plaisir pour donner à quelques savants d'un autre siècle l'occasion de prouver qu'on ignore ce qu'ils ont le mérite ou le malheur de savoir.

Le thème latin, par lequel on fait à bon droit passer les écoliers, se relève par l'exercice de la composition et de la dissertation auquel il aboutit. L'effort que demande la conversion du latin en français se trouve récompensé par le maniement effectif d'une langue nouvelle qui, suivant la parole du vieux poëte Ennius, nous donne, pour ainsi dire, *une seconde âme.*

Il n'en va pas de même pour le grec, et il n'est nullement question de conduire les candidats jusqu'à disserter dans cet idiome.

Le thème grec n'est guère plus qu'un exercice scolaire dont chaque faculté et presque chaque professeur fixent un peu à leur guise les limites et les obligations. Dans tel centre d'examens, on autorise les candidats à garder entre leurs mains une grammaire grecque. Par là se trouvent supprimées, pour la plus grande partie, les difficultés de l'accord des mots et de l'accentuation. Dans elle autre faculté au contraire, certains juges se font un point d'honneur et comme un titre de gloire d'exiger les derniers raffinements des accents et des esprits. Ils parleront hardiment aux futurs licenciés de deux ans et de trois ans d'études spéciales, seulement pour se mettre en mesure de satisfaire sur ce point !

Ce qui résulte le plus évidemment de ces différentes façons d'entendre et d'appliquer le règlement, c'est que, pour les hommes du métier eux-mêmes, cette épreuve du thème grec a quelque chose de vague et de mal défini. On n'est pas bien d'accord sur la question de savoir si la connaissance du grec doit se réduire ici à ce qu'un homme du monde très-instruit peut se contenter d'en savoir, ou s'il faut exiger des connaissances tout à fait spéciales, telles que les impose, par exemple, le programme de l'agrégation pour les classes de grammaire.

III

La composition en vers latins n'a pas le caractère étroit et exclusif du thème grec.

Il y a, dans la pratique de la poésie latine, un double aspect à considérer : le côté de l'expression technique et le côté de l'invention littéraire.

Sans doute, au point de vue de la langue, il n'est point facile de manœuvrer ces dactyles et ces spondées, ces césures et ces élisions, de satisfaire, en un mot, aux conditions si délicates et si multiples que la prosodie latine impose aux amateurs des muses romaines ; mais le candidat ne se trouve plus aussi dépourvu que précédemment.

A tort ou à raison, l'exercice des vers latins a survécu dans les classes à son exclusion du programme du baccalauréat. Il n'est pas impossible de rencontrer encore tel élève qui les tourne avec un certain succès, et parvient ainsi non-seulement à contenter son professeur, mais encore à se

créer une sorte de réputation parmi ses camarades.
Tandis que le thème grec ne figure plus guère
qu'une fois par mois dans les exercices de la classe
de rhétorique ou même tandis qu'il n'y figure
plus du tout ; tandis qu'on ne parle pas même de
l'accentuation, l'exercice des vers latins commence
sérieusement en seconde, parfois même en troisième : en rhétorique, c'est un des devoirs qui
reparaissent le plus régulièrement. Si, par un
accord tacite des professeurs avec leur classe,
certains élèves se dispensent d'en donner aussi bien
que le maître de leur en demander, il ne manque
pas de devoirs faits avec goût et attestant un travail sérieux.

Les études scolaires, lorsqu'elles s'achèvent
complétement et avec soin, constituent donc d'a-
vance une préparation efficace du vers latin. Les
difficultés techniques sont déjà suffisamment fa-
milières au candidat pour qu'il puisse, avec quelque exercice, s'habituer bien vite à les vaincre de
nouveau.

Au point de vue littéraire proprement dit, il ne
faudrait pas sourire trop aisément de cet emploi
un peu classique et un peu suranné de l'imagination. Il n'est peut-être pas aussi facile qu'on le

pense de ménager son essor à cette faculté tout en la réglant, et de lui interdire le dévergondage sans lui enlever sa liberté. L'épreuve de la composition française est conçue dans un esprit trop sévère et trop réfléchi pour qu'il y ait lieu de déployer à son aise cette faculté. Le trait d'esprit, la métaphore, la comparaison, peuvent et doivent sans doute s'y rencontrer dans le courant du discours; mais le candidat n'en saurait faire, sous aucun prétexte, le dessein ni le mérite principal de sa dissertation. On lui demande de bien autres qualités et de bien autres preuves. Il doit témoigner, avant tout, d'un esprit de méthode, d'un art de la composition, d'une provision de science, d'un exercice du goût, d'une maturité de jugement auprès desquels le mérite de l'imagina- ion languit et passe à l'état d'accessoire.

Considérée à ce point de vue très-élevé, une pièce de vers latins met assurément un candidat en demeure et en mesure de montrer certaines qualités d'esprit auxquelles on attache, à bon droit, leur prix et leur valeur, qualités dont les autres compositions ne donnent qu'un témoignage inférieur et indirect.

CHAPITRE II

Les épreuves orales de la licence ès lettres actuelle.

———

I

Les épreuves orales succèdent aux épreuves écrites pour l'obtention du grade de licencié.

Là aussi, il y a, en dépit des règlements et des programmes, comme aussi malgré les instructions envoyées aux diverses facultés, une part d'incertitude, pour ne pas dire d'arbitraire. L'examen qui porte cependant sur les mêmes matières se ressent dans chaque endroit des traditions et des vues particulières des diverses facultés.

Trois séries d'auteurs, grecs, latins, français, sont indiquées pour une période de deux ou trois années. Un arrêté ministériel en fait connaître d'avance la liste aux candidats, et d'avance les avertit de l'époque à laquelle ce programme sera modifié.

Il y aurait à faire des remarques fort curieuses, si l'on voulait prendre la peine de rapprocher, article par article, le programme de la licence du programme du baccalauréat. La seule différence qu'on puisse signaler entre eux, c'est que le programme de la licence, grade supérieur, est incontestablement plus facile et moins chargé que le programme du baccalauréat, grade inférieur : tant il est vrai que tout dépend de l'esprit et de la mesure avec lesquels on procède à un examen.

Le *Discours de la méthode* de Descartes est indiqué de part et d'autre, dans les mêmes termes. Un assez petit nombre d'ouvrages ou d'auteurs figurent à nouveau pour la licence; pour tout le reste, on s'est contenté de retrancher les neuf dixièmes du programme du baccaulauréat. Tandis que nous voyons les juges autorisés à demander au jeune lycéen, frais émoulu de ses classes, *tout* Virgile, *tout* Sophocle, *tout* notre théâtre classique, le programme de la licence, plus indulgent en même temps que plus pratique, se contente d'indiquer aux candidats *une* tragédie de Sophocle, *une* comédie d'Aristophane, *une* ou *deux* pièces de Racine et de Corneille, quelques chants de Virgile, et ainsi de suite.

Il n'est point défendu de s'étonner de ce partage et de le trouver bizarre. On concevrait mieux que le jeune rhétoricien fût examiné avec quelque précision sur *Athalie* et sur *Esther*, et se contentât, pour le reste, d'une lecture provisoire de Racine. Au contraire, il n'est pas facile d'admettre qu'on ambitionne le grade de licencié sans avoir une connaissance de détail de toutes les pièces de Racine. Une étude approfondie d'*Horace* et de *Polyeucte* suffit provisoirement dans les classes pour donner à un élève le goût et l'admiration de Corneille; mais, pour faire de la littérature et pour émettre un jugement de quelque valeur sur le théâtre français, il est absolument indispensable d'être familier avec tous ses chefs-d'œuvre, sans en excepter aucun.

On pourrait pousser plus loin ce parallèle. On arriverait toujours à cette même conclusion, qu'il paraît extraordinaire de demander, au sortir des classes, une sorte de science universelle des auteurs, et de se contenter, lorsqu'on en vient à une épreuve bien autrement élevée, d'une cinquantaine de pages, de quelques chapitres, parfois même d'un certain nombre de vers. Tandis que le baccalauréat indique pour un seul numéro le gros volume du *Siècle de Louis XIV*, la licence, plus discrète, se borne aux chapitres qui regarde les œuvres de l'esprit, c'est-à-dire à la fraction la plus minime.

On voit qu'en présence de ces anomalies, il faut absolument compter sur les professeurs. C'est à eux de compenser cette disproportion et de rétablir l'inégalité des épreuves par une différence soutenue dans le niveau des examens.

II

Ici encore, les usages ne sont pas les mêmes dans toutes les facultés.

Une première différence provient du nombre des juges.

Dans certains centres, il est de règle que la faculté tout entière assiste à l'interrogation, et qu'ainsi elle se trouve tout entière en position d'y prendre part. L'épreuve présente alors quelque chose de plus solennel. Il est des villes où les candidats, aussi bien que les juges, sont en robe et dans lesquelles les épreuves sont annoncées d'avance par tous les moyens de publicité dont on peut disposer en province.

Dans d'autres académies, les recteurs font exécuter en toute rigueur le texte du règlement qui réduit à trois le nombre des juges ayant le droit de voter. Cette pratique est excellente lorsqu'il s'agit de la licence ès sciences mathématiques, physiques ou naturelles, lesquelles exigent des connaissances tout à fait spéciales de la part de l'interrogateur. Il n'en va pas de même de la licence ès lettres, où il faut, au contraire, constater chez le candidat une certaine variété de notions générales. Il en résulte qu'à l'époque où, par suite d'un roulement inévitable, le professeur de philosophie ou le professeur d'histoire, par exemple, se trouvent éloignés, les candidats peuvent savoir d'avance qu'on ne les pressera pas beaucoup sur Tacite et sur Hérodote, et qu'un juge moins fa·

milier avec le sujet hésitera à aborder la philosophie de Descartes ou celle de Platon.

Indépendamment des différences qui résultent
de la composition même du jury et du nombre des
assesseurs appelés à y siéger, il faut encore tenir
compte des habitudes particulières adoptées dans
chaque faculté, habitudes qui donnent à la même
épreuve un caractère ou plus technique ou plus
relevé.

Il y a dans le règlement de la licence ès lettres
un article peu heureux, dont l'interprétation ju-
daïque aurait pour effet d'abaisser d'une façon
sensible le niveau général de l'épreuve.

Il est dit que les candidats répondront à toutes
les questions d'histoire, de philosophie ou de critique auxquelles peut donner lieu l'explication du
texte qui leur est proposé. Supposez qu'on entende
ces paroles au pied de la lettre, qu'en effet on ne
sorte point du texte, et qu'on s'astreigne à n'a-
dresser au candidat aucune question générale, ni
d'histoire, ni de critique, ni de pure théorie, il
est visible que l'économie et la hiérarchie des
grades se trouvent interverties et faussées. On
pourra demander au baccalauréat ès lettres une
appréciation générale du théâtre de Racine et de

son influence, un parallèle entre la *Cyropédie* et l'*Histoire de Charles XII*, un jugement sur la philosophie des alexandrins ou sur le problème des universaux, tandis qu'à la licence il faudrait s'en tenir à des notes et commentaires semblables à ceux que nous lisons dans les marges des bonnes éditions classiques. La meilleure préparation serait alors, non pas cette ouverture et cette souplesse de l'esprit qui attestent l'originalité des connaissances et la possession des idées, mais ce pédantisme lent et entêté qui pâlit sur les textes et s'éteint dans les lexiques.

Une autre extrémité également regrettable consiste à ne point exiger du candidat les connaissances spéciales dont il doit évidemment faire preuve. Une connaissance approfondie des trois langues, grecque, française et latine, est aussi indispensable que la connaissance de ces trois littératures. Il ne faudrait donc pas, sous prétexte de donner aux candidats l'occasion de déployer des vues plus étendues, les dispenser trop vite et trop complètement de toute question relative à la philologie et à la grammaire. Cette alliance difficile demeure ici, comme ailleurs, une affaire de tact où l'influence d'un doyen sage et expérimenté peut beaucoup dans le sens qu'on indique. Il ne faudrait point par exemple, que, dans certains cours, on regardât comme nécessaire ou même comme utile, pour préparer les candidats à la licence ès lettres, de leur faire renouer connaissance avec *Manon Lescaut* et de leur en lire des passages.

CHAPITRE III

**La confusion universitaire de la licence ès lettres
avec l'agrégation.**

I

On peut se demander pourquoi, malgré la haute
expérience des facultés et leur vigilance sévère
à remplir leur devoir de juges, l'examen de la
licence porte, aussi bien dans la correction des
épreuves écrites que dans la direction des épreuves
orales, l'empreinte d'une certaine indécision.

Cette indécision et cette incertitude trouvent
leur explication naturelle dans les combinaisons
mêmes de la hiérarchie universitaire.

L'État fait une distinction entre les grades et les titres et ne les confère point dans les mêmes conditions.

Les grades sont pour les lettres et pour les sciences comme pour la théologie, la médecine et le droit, le baccalauréat, la licence et le doctorat. Ces trois grades se suivent et se commandent.

L'examen qui conduit à ces diplômes est purement individuel. Leur obtention ne confère aucun droit au fonctionnaire qui les a mérités. Ils se réduisent à la preuve d'une aptitude, et deviennent ainsi une condition préalable pour certaines professions telles que celles de médecin ou d'avocat, ou pour certaines places telles que celles de professeur de faculté ou de recteur d'académie.

L'administration universitaire ne se contente pas de ces grades, dont elle ne saurait pourtant contester la valeur puisque c'est elle-même qui les décerne. Elle demande aux professeurs qu'elle emploie, le titre d'agrégé après le grade de licencié.

Le titre d'agrégé n'est plus une simple appellation dont on puisse se parer sur ses cartes de visite. Il donne à celui qui y est parvenu une sorte de droit au travail de l'enseignement. L'agrégé est fondé à demander au ministre de l'instruction publique une place qui lui permette d'utiliser ses capacités. A défaut d'une place, il a droit à un traitement, peu considérable il est vrai, et que les règlements qualifient de traitement d'agrégation.

Il n'est donc pas étonnant que l'administration universitaire calcule d'avance le nombre des agrégés à recevoir sur celui des chaires à donner. Il en résulte que, suivant les besoins du service, on met chaque année au concours quatre, six, huit places d'agrégé pour la grammaire, l'histoire, la philosophie ou les lettres.

Les difficultés à vaincre sont ici bien autrement sérieuses que celles d'un examen académique. Un programme connu dix mois d'avance, et qui change — peu ou beaucoup — toutes les années, indique aux futurs candidats de vastes questions à préparer, des auteurs peu connus ou d'un abord particulièrement difficile, des époques tout entières à étudier, souvent même une science tout à fait originale à acquérir, tant les problèmes sont neufs, les découvertes récentes, les traditions peu établies.

Ajoutez à ces difficultés qui naissent du programme celles qui proviennent de l'examen.

Le fait seul d'avoir à subir les chances d'un concours rend singulièrement incertaine l'issue de l'entreprise. Quelles que puissent être votre force et votre préparation, il ne vous reste plus qu'un mérite relatif, dès que vous êtes appelé à vous mesurer avec des rivaux inattendus dont vous ne pouvez connaître d'avance ni le nombre, ni le génie. Tandis qu'un grade ne se refuse jamais à quiconque exhibe une certaine provision de savoir, le titre d'agrégé ne dépend des juges qu'au point de vue du classement. Il y a, comme pour la moisson des fruits, de bonnes et de mauvaises années, et le premier de telle session peut se trouver au-dessous des refusés de l'année précédente.

Les concours d'agrégation comportent des difficultés que ne connaît point la paisible collation des grades.

Comme il s'agit ici directement du professorat et que la réception du candidat équivaut pour lui à une nomination, il n'est pas étonnant qu'on ait accumulé, sous les formes les plus diverses et les plus instantes, tous les moyens d'évaluer la capacité intellectuelle. Aussi n'est-il plus question seulement d'un programme à suivre et d'interrogations auxquelles on est admis à répondre après tout le loisir d'une longue et difficile préparation.

On attend des concurrents la preuve de qualités plus précieuses et plus rares : l'improvisation, cette pierre de touche des esprits puissants, l'habitude de l'argumentation qui atteste en même temps la patience pour écouter et la présence d'esprit pour répondre. En un mot, il y a là de quoi faire réfléchir les plus hardis et trembler les plus intrépides.

Il n'est donc pas étonnant, pour qui connaît le cœur humain et ses faiblesses, que, parmi les jeunes professeurs de l'Université, il y en ait beaucoup dont le plus grand souci soit d'éviter l'agrégation. Il est bien vrai qu'en vertu d'une règle maintenue en principe avec beaucoup de fermeté, ils ne sauraient être nommés titulaires de la chaire qu'ils occupent tant qu'ils ne sont pas agrégés; mais on peut bien admettre dans l'Université ce que nous sommes si habitués, en France, à retrouver ailleurs, le provisoire. Un professeur s'accommode d'un provisoire qui dure une vingtaine d'années, et il y a telle chaire de collège ou de lycée, où les plus anciens fonctionnaires de l'académie ne se rappellent pas avoir vu un titulaire.

La marche est donc toute tracée pour les jeunes débutants qui, privés des secours de l'École normale de Paris, perdus dans quelque ville de troisième ordre, où ils ont peu de ressources pour leurs travaux et encore moins de courage, réduisent toutes leurs combinaisons à se maintenir, à nager, pour ainsi dire, entre deux eaux, en évitant jusqu'au bout l'épreuve terrible et surtout la préparation laborieuse de l'agrégation.

Ils prennent alors, avec un singulier mélange de lenteur et de persévérance, le chemin plus aisé de la licence et du doctorat. Incapables d'arriver régulièrement jusqu'à une chaire de rhétorique ou d'histoire dans un grand lycée, ils cherchent à se réfugier dans les facultés où le titre d'agrégé n'est malheureusement pas nécessaire.

Ces carrières obliques et inachevées au point de vue universitaire ne rencontrent vraiment qu'un obstacle sérieux sur toute leur route : c'est la licence. Celle-ci demeure la seule épreuve réelle qu'il leur reste à affronter. Il ne faut pas compter le baccalauréat, dont tout le monde connaît l'indulgence, pour ne pas dire la faiblesse vraiment paternelle, non plus que le doctorat, où l'extrême importance du travail écrit rend les secours si faciles et la collaboration à outrance si tentante.

II

Les professeurs de facultés se trouvent donc ainsi investis tout d'un coup, par la force des choses, d'une mission nouvelle qui ne leur était aucunement destinée : ils deviennent les gardiens des études, et se trouvent avoir à maintenir le niveau des professeurs dans les établissements de l'État.

C'est dans cette intention qu'il avait été établi auprès des facultés les plus considérables une sorte de pépinière de candidats. De jeunes maîtres d'étude étaient nourris et couchés au lycée de la ville. Ils reconnaissaient cette faveur par un service réduit à quelques heures, chaque semaine; et, le reste du temps, ils se préparaient à la licence en suivant les leçons de la faculté. Ce recrutement s'étend souvent hors du chef-lieu d'académie. Quelques administrations intelligentes ont donné aux maîtres des villes voisines toute facilité pour circuler sur les chemins de fer, et pour venir assister, à jours fixes, à des conférences préparatoires.

Il y a ici deux choses à considérer : le service que rendent les facultés par leur enseignement, et le rôle qu'elles jouent dans les examens.

Le service n'est pas douteux, et il faudrait bien peu connaître la façon dont les choses se passent, pour ne pas rendre justice au dévouement, à la conscience, à l'ardeur avec laquelle ces maîtres émérites se mettent partout au service de la jeunesse. Quand on a vu de près l'isolement des villes de province, leur défaut absolu de ressources et, ce qui est bien pire encore, d'encouragements pour tous ceux qui se livrent aux travaux de l'esprit, on comprend mieux quel appui donnent à ces intelligences incertaines le conseil et la direction des professeurs.

Toutefois, ces excellents résultats n'excusent point le rôle que quelques professeurs voudraient faire jouer à la licence, et ne justifient point son affectation exclusive à la vérification de la capacité professorale. Il n'est question de rien de pareil ni dans les règlements universitaires, ni dans les instructions ministérielles. La licence n'a point à suppléer l'agrégation; elle ne saurait se confondre avec elle.

Il serait donc tout à fait à regretter que la licence perdît son caractère littéraire et élevé, pour tomber au rang d'épreuve scolaire. Les candidats qui se présentent devant les facultés pour obtenir ce grade, et qui entrevoient dans l'avenir la perspective d'un doctorat ès lettres, succédant par exemple à un doctorat en droit, n'ont pas besoin d'exercer en eux les qualités du futur professeur de quatrième ou de cinquième.

Ils peuvent donc s'étonner à bon droit que ces qualités ou ces habitudes soient exigées. — « Comment rendriez-vous compte de cette forme à vos élèves? » demandait naïvement un professeur de littérature à un jeune candidat qui passait son examen de licence ès lettres. Le malheur était que le candidat était un élève de mathématiques spéciales, à la veille d'entrer à l'École polytechnique, et qui n'avait que faire de classe à conduire et d'élèves à morigéner.

Si ces vues étroites et exclusives venaient à se

répandre, l'épreuve de la licence perdrait bien vite son vrai caractère. Il n'y faudrait plus voir un grade accessible à tous et qui sied bien même à un homme du monde. Au lieu d'y convier ceux que je pourrais appeler, dans le sens le plus élevé du mot, les *amateurs* de littérature, il ne resterait plus qu'à en faire le partage exclusif et le brevet des régents de colléges communaux.

CHAPITRE IV

De l'opportunité d'une deuxième licence ès lettres.

I

Tant que la licence ès lettres demeurera dans ces conditions, tant qu'elle s'obstinera à mettre sur le même rang le thème grec et la dissertation française, les mystères de l'accentuation et les règles du bon goût, le maniement de l'hexamètre latin et la connaissance de la philosophie ; tant que les examinateurs seront tentés d'éprouver dans les candidats, moins la valeur ou la formation des esprits que leur aptitude à l'enseignement, le grade de licencié ne paraîtra pas suffisant pour récompenser des efforts dont l'avenir rendra une partie tout à fait inutile. Il faudra aux étudiants pour s'y préparer beaucoup de courage et beaucoup de raison.

Il y aurait peut-être un moyen de tout concilier.

Pourquoi ne ferait-on pas pour les lettres ce qu'on a fait pour les sciences avec tant d'à-propos et de succès? Pourquoi ne diviserait-on pas la licence en deux facultés distinctes, de la même façon qu'ailleurs on donne à choisir aux élèves entre la licence ès sciences mathématiques, la licence ès sciences physiques, la licence ès sciences naturelles.

Ce partage n'a pas eu seulement l'avantage de soulager les candidats. Les études regagnent largement en force ce qu'elles perdent en étendue. Ce système, en outre, a le mérite de répondre à la nature même de l'intelligence. Toutes les opérations de notre esprit lorsqu'il s'agit de sciences, peuvent se réduire à l'observation qui ensuite généralise, ou au raisonnement qui pose les principes pour en déduire les conséquences.

On ne trouverait point, sans doute, en littérature à opérer sur les mêmes bases une division aussi tranchée. Les facultés littéraires sont plus complexes et plus indissolublement liées ; mais ses avantages pratiques suffiraient amplement pour justifier le partage.

On maintiendrait la licence ès lettres dans sa forme actuelle.

On pourrait même insister sur les vers latins et le thème grec, en donnant à chacune de ces compositions un jour entier, au lieu de les entasser entre le même matin et le même soir, ce qui, pour beaucoup de candidats, en fait une question de santé et de résistance de tempérament. On ajouterait, au besoin, à la liste des auteurs quelques ouvrages de pure théorie, destinés à vérifier dans la discussion la science des candidats. On aurait ainsi une épreuve qui, sans emprunter la forme redoutable d'un concours, se rapprocherait à la fois de l'agrégation des lettres comme de l'agrégation de grammaire et donnerait des garanties suffisantes pour le professorat. Des maîtres libres qui n'ont rien à démêler avec l'agrégation universitaire verraient ainsi s'élever, d'une façon tout à la fois sensible et pratique, le niveau de grades qui leur sont plus particulièrement accessibles. Cette première espèce de licence, ainsi complétée, deviendrait une préparation spéciale et appropriée à la carrière de l'enseignement.

A côté de la licence grammaticale ou classique, suivant le nom qu'on voudra lui donner, prendrait place une autre licence que j'appellerais la licence littéraire, de la même façon qu'on distingue, dans l'instruction publique, les classes de lettres des classes de grammaire.

Cette seconde licence n'aurait plus rien de pédagogique. Ce serait, si l'on veut me permettre de m'exprimer ainsi, la licence ès lettres des gens du monde; ou, si ce terme effarouche trop les habitudes classiques, ce serait la licence ès lettres des historiens, des philosophes, des docteurs en droit, de tous ceux pour lesquels la connaissance de la langue et des lettres même est moins encore un résultat qu'un instrument.

Il conviendrait d'abord, comme nous l'avons
dit plus haut, de supprimer complétement ici le
thème grec et les vers latins, et de les remplacer
par des épreuves plus conformes à l'esprit et au
but du nouveau grade. Il faudrait aussi introduire
dans le choix des auteurs des modifications ana-
logues, de façon à assurer le résultat que le programme aurait en vue.

Les études classiques, telles que nous les voyons
comprises et pratiquées, présentent un grand inconvénient. Elles ne commencent même pas cette
seconde éducation de l'esprit, sans laquelle la
première est exposée à devenir vaine et même
funeste. La rhétorique et la philosophie auxquelles
nous conduit le cours de nos études, demeurent
l'une et l'autre une pure abstraction. C'est à nous
plus tard, à mesure que nous grandirons et que
nous en sentirons la nécessité, de les raccorder
avec le reste de notre vie, besogne difficile et à
laquelle le plus grand nombre succombe. Nous
ressemblons un peu à ces mathématiciens con-
sommés dont, au tableau, aucune difficulté n'ar-
rête les calculs et aucun problème ne déconcerte
le savoir. Mettez-les tout d'un coup à tenir des
livres et à dresser un inventaire, à faire des

comptes d'ouvriers ou à régler une liquidation commerciale, on dirait, au premier abord, que leur facilité mathématique les abandonne : il leur faut, en quelque sorte, en revenir aux premiers tâtonnements de l'ignorance et reprendre par la base leur instruction.

Nous éprouvons quelque chose de cette difficulté, lorsqu'il nous faut accommoder à la réalité de la vie notre facilité et notre supériorité de collége. Nous sommes tout étonnés de ne plus retrouver dans une argumentation de salon ou dans l'improvisation d'un discours véritable, l'aisance, la souplesse, la faconde heureuse des oraisons classiques. Nous nous heurtons chaque jour à des questions de principes dans le domaine de l'art, de la littérature, du droit naturel, et nous nous apercevons, avec une surprise mêlée de quelque amertume, que nos théories n'aboutissent pas. Nous pourrions encore, avec quelque élan, remonter vers les hauteurs de l'idéal, et retrouver dans notre mémoire les systèmes dont on nous a jadis entretenus. Mais s'il nous faut descendre de ces sommets pour nous trouver face à face avec les questions du jour, nous sentons en nous-mêmes qu'il y a, entre cet enseignement de pure théorie

et le maniement pratique de la vérité, un intervalle qu'il n'est point aisé de franchir. Il ne manque
pas d'intelligences qui restent en route. Le gros
public qui aime à s'en tenir aux apparences, ne
se fait pas faute de tourner en raillerie le jeune
homme *fort en thème*, ou le lauréat du dernier
concours.

Il ne faudrait pas donner à ces remarques une
portée exagérée, ni leur prêter des conséquences
contre lesquelles on proteste ici plus haut que
personne. On ne prêche pas dans ce travail la
cause des enseignements sans principes et des littératures sans classiques. Ce serait faire une dé-
testable besogne, que de retirer de l'enfance et de
la jeunesse cette part d'idéal littéraire dont le
cœur et l'esprit de l'homme ont également besoin,
afin de pouvoir d'autant mieux résister plus tard
aux luttes et aux abaissements de la vie. Introduire
sans préparation ces jeunes intelligences à la
connaissance des modernes, c'est risquer de leur
en donner l'ivresse sans leur en apprendre le
jugement. L'esprit de l'homme reproduit, en effet,
dans le mouvement plus ou moins rapide de ses
progrès, la succession des différentes phases qu'a
traversées l'humanité. L'initier aux civilisations

qui nous ont précédés, et le faire repasser par le long effort des générations, c'est tout simplement se conformer à la loi même du développement de son esprit.

Rien ne serait donc moins opportun que de porter la confusion dans notre vieux et respectable système d'études. Cette poursuite d'une éclosion prématurée n'aboutirait pas, comme quelques-uns le pensent, à hâter les intelligences, mais plutôt, comme il est facile de le prévoir, à leur ôter toute leur force et toute leur valeur. Il ne s'agit point de remplacer, mais de compléter les vieilles études classiques.

Nous voilà donc ramenés, malgré nous, à notre point de départ. Il n'est pas question de prolonger le séjour des élèves dans les colléges, non plus que d'augmenter le nombre des années consacrées à l'étude du droit. Il suffira d'employer à des travaux utiles le loisir présent de la première année; et pour cela il faut se demander sous quelles formes, par quels moyens, à l'aide de quelles garanties, on viendra à bout de cette seconde éducation.

SECONDE PARTIE

L'ORGANISATION DE LA NOUVELLE LICENCE ÈS LETTRES

LIVRE PREMIER

LES ÉTUDES PHILOSOPHIQUES AU POINT DE VUE DE LA
JEUNESSE DES ÉCOLES.

CHAPITRE PREMIER

**La stérilité de la philosophie de collége, et les études
complémentaires qu'elle réclame.**

———

I

Quels compléments devraient recevoir, dans ces
libres et fortes études, nos premières connaissances
philosophiques?

On ne peut pas se le dissimuler : sous la forme
actuelle du programme du baccalauréat, et plus
encore dans la pratique des examens et des classes,
tout cet enseignement sent la formule.

Au lieu de mettre entre les mains des élèves

un petit nombre de livres bien choisis dont ils seraient tenus de faire une lecture sérieuse, on leur indique, *pour la partie des auteurs*, suivant le nom barbare qu'on lui donne, de gros volumes, comme la *Logique de Port-Royal*, des traités à peu près inaccessibles comme le *Gorgias* de Platon, des ouvrages tout à la fois confus et ampoulés, comme les *Lettres de Sénèque à Lucilius*.

Il résulte de cette intempérance du programme que le premier soin des professeurs de collége est de soustraire ces ouvrages aux regards de leur classe. Ils y substituent des analyses fort consciencieuses et fort habilement faites, mais dont le plus grand tort est de supprimer Bossuet et Fénelon, pour en remplacer le texte par la prose de monsieur un tel. On voit bien ici le fardeau dont la mémoire se charge, mais non point du tout le profit que l'intelligence en retire.

Le grand malheur est que ce goût du manuel et du résumé, partagé ainsi par le professeur et par l'élève, s'étend souvent à la doctrine elle-même. Le professeur y trouve moins de peine à enseigner, comme l'élève à apprendre : seulement ni l'un ni l'autre ne sortent de la formule; l'esprit n'y est plus pour grand'chose. La philosophie ainsi apprise finit par produire ce résultat inattendu et bien différent de ce que nous en avons entendu dire, qu'au lieu de mettre les intelligences en mouvement, elle les immobilise. Cette sorte de préparation a la réputation funeste, et peut-être méritée, de réussir parfaitement aux examens.

On comprend, sans qu'il soit besoin d'y insister, qu'une telle discipline des esprits leur soit plus tard d'un médiocre secours lorsqu'il s'agit d'aborder les difficultés et de résoudre les problèmes de la vie. Ces études, pourtant, malgré ce qu'elles présentent d'incomplet et d'insuffisant, ne laisseraient pas de porter leurs fruits, si, pendant que ces idées sont encore présentes à la pensée, on prenait soin de les utiliser et de leur communiquer par de nouvelles études une seconde existence.

II

La philosophie, considérée en tant qu'elle se meut dans la région moyenne des connaissances humaines, appelle trois applications fondamentales.

L'incertitude de nos jugements, le décousu de nos pensées, la faiblesse générale de nos conceptions, tiennent précisément à ce que, sur chacun de ces points, nous n'avons fait, dans notre adolescence, aucun travail préalable; aussi la vie nous prend-elle ordinairement au dépourvu.

Ces trois applications sont :

Le droit naturel ;
L'économie politique ;
L'esthétique ou science du beau ;

Les deux premières pouvant être comprises sous le nom commun de sciences sociales.

Les sciences sociales représentent, dans l'ordre des idées pures, ce que les savants appellent à juste titre, *les applications* dans l'ordre des sciences philosophiques, physiques et naturelles.

Il fut un temps où l'idée de voir aboutir à un résultat pratique la connaissance des lois du monde extérieur était complétement absente des meilleurs esprits. Aristote lui-même, qui a tant fait pour l'avancement des sciences, qualifiait la physique de *science contemplative*.

Le premier mérite qu'il attribuait à sa dignité désintéressée, c'était l'impuissance de rien faire, si ce n'est pour la conquête de la vérité abstraite. Un savant, bien différent en cela de ce que nous voyons de nos jours, était un véritable théoricien, une sorte d'illuminé. Il paraissait au vulgaire en dehors et au-dessus du monde réel.

Il faut avouer que les choses ont bien changé depuis lors.

Au temps où nous sommes, une découverte paraît à bon droit inachevée dans le domaine de la physique et de la chimie, tant qu'elle se réduit à une simple expérience de cabinet. Il n'est pas douteux cependant, que la loi se découvre et se confirme tout entière dans le laboratoire du savant; mais on tient à demander à cette loi les conséquences qu'elle renferme.

On ne veut plus d'une vérité, réduite par l'abstraction théorique à n'être que la vaine satisfaction d'une curiosité même noble et élevée. On poursuit, on tourmente cette loi, jusqu'à ce qu'on en ait tiré une force pour l'industrie et un secours pour le travail. Alors seulement l'opinion publique se déclare satisfaite. L'application, par une heureuse concession de la science pure, fait désormais partie intégrante d'une théorie véritablement complète.

III

Le tort et la faiblesse de la philosophie, c'est de n'être point encore entrée franchement dans cette voie.

Elle a bien réussi, dans une certaine mesure, à se débarrasser des préjugés et des formules de l'école; elle a secoué la routine et inauguré des méthodes tout à la fois personnelles et originales. Malheureusement, la psychologie, dont elle a si bien tiré parti, n'est qu'un commencement : vouloir y rester, c'est vouloir s'y perdre.

La philosophie devrait donc imiter les sciences et tendre comme elles à la pratique de la vie.

De la même façon que la chimie et la physique aboutissent aux découvertes de l'industrie et refont l'univers à la mesure de l'homme, de même il appartiendrait à la philosophie, poussée jusqu'à ses conséquences sociales, de rétablir l'ordre dans le monde moral, d'y faire tout à la fois connaître et respecter les lois économiques, d'y remettre en un mot chaque chose à sa place.

L'imagination règne encore aujourd'hui en souveraine dans le monde des hypothèses sociales, de la même façon qu'autrefois elle se donnait carrière dans l'astrologie et dans l'alchimie. Il ne lui manque pas non plus de disciples, d'autant plus empressés, qu'elle met plus de complaisance à flatter leurs passions et à écouter leurs convoitises. C'est ainsi que jadis on allait demander des sortiléges ou des incantations aux conjonctions des astres dans les horoscopes, ou bien aux philtres dans les breuvages.

Pendant que la philosophie demeure oisive ou indifférente, tandis qu'elle s'absorbe tout entière dans les analyses intérieures de l'âme, les systèmes prennent leurs coudées franches, et se mettent à l'aise dans l'explication du monde social.

A quoi nous sert-il d'avoir encore en théorie un reste de philosophie spiritualiste, si, faute de savoir y rallier les esprits dans l'ordre économique, nous les laissons en proie à toutes leurs erreurs, jusqu'au jour où il nous faudra les combattre par les armes, pour n'avoir pas su les vaincre par les idées ?

Cette application de la philosophie est le vrai but que peut et que doit se proposer la jeunesse, puisque une telle application représente, en quelque sorte, l'évolution naturelle de cette période de la vie [1].

---

[1] Consulter les articles du R. P. Ramière dans les *Études religieuses*, et particulièrement l'article intitulé : *Nécessité de la philosophie comme base de l'éducation supérieure*, dans le numéro de mai 1872.

CHAPITRE II

**L'étude du droit naturel au point de vue de la connaissance
du droit positif.**

I

Le programme de la nouvelle licence ès lettres
devrait donc comprendre, sous une forme et dans
une mesure qui restent à déterminer, une certaine connaissance du droit naturel, de l'économie sociale et enfin de l'esthétique.

Chacun de ces trois ordres d'études se justifie
de lui-même.

En ce qui concerne le droit naturel, il ne

faut pas perdre de vue que nous nous occupons avant tout ici des élèves des facultés de droit.

Ce n'est pas le lieu de revenir ni d'insister sur les rapports qui doivent unir entre elles la loi écrite des jurisconsultes et la loi morale qui parle à notre conscience. De telles vérités n'ont pas besoin d'être redites ni démontrées.

Avec un cours de philosophie bien fait, on doit arriver sans secousse, sans transition, par une suite naturelle et inévitable des idées, aux enseignements de la jurisprudence technique. Il doit, en outre, rester dans l'esprit de chaque élève, à mesure qu'il rencontre dans les codes des différentes nations les prescriptions et les formalités de détail, une sorte d'idéal supérieur, un type interne de la loi morale absolue. Il aura appris à tenir les yeux de l'âme fixés constamment sur cet exemplaire du vrai et du bien, non point pour condamner mal à propos par des raisonnements abstraits les tentatives imparfaites des législateurs, mais, au contraire, pour apprécier avec plus de justice dans quelle mesure chacun d'eux a fait sa tâche, jusqu'où va le droit positif de chaque époque et de chaque civilisation.

La lacune de l'enseignement, et partant de nos

esprits, devient tout à fait visible lorsqu'on prend la peine de se reporter au programme officiel du baccalauréat pour y constater par soi-même sous quelle forme écourtée et insuffisante la morale y est indiquée.

C'est à peine si les problèmes les plus essentiels s'y trouvent effleurés, et ces problèmes affectent encore dans leur énoncé une forme absolument psychologique. On dirait vraiment que l'individu humain existe dans ce monde à l'état d'échantillon zoologique, et qu'il n'y ait pas de société civilisée, tant il en est peu question.

Sans doute, il est utile, il est indispensable même d'aborder, en premier lieu, le problème moral dans le sanctuaire de l'âme, de poser en quelque sorte la main sur son propre cœur pour le sentir battre, d'en traduire les conseils et d'en analyser les émotions; mais il faut de plus suivre dans l'ordre social l'accomplissement et l'application de cette même loi. Il y a là toute une série d'obligations par trop succinctement indiquées par les deux ou trois lignes du programme.

Il ne faut pas trop compter, pour remédier dans la pratique à cet inconvénient, sur la bonne volonté ou l'initiative des professeurs.

Sans doute, il en est quelques-uns qui prennent sur eux, à leurs risques et périls, de donner un peu plus de développement aux leçons indiquées ; mais il ne faut pas oublier que le programme est chargé, le baccalauréat imminent, l'esprit des élèves distrait. Il n'y a donc pas beaucoup à espérer ici, et cette partie de la philosophie est faite, hélas! pour demeurer à l'état d'embryon.

On ne peut donc que répéter une fois de plus la remarque déjà présentée plus haut: Il y a, grâce à cette insuffisance de l'enseignement, une véritable solution de continuité entre les deux ou trois problèmes généraux qu'on effleure, et les connaissances plus profondes et plus précises dont on aurait assurément besoin pour éclairer les législations.

Cette absence de l'esprit et du souffle philosophiques, là même où ils seraient le plus nécessaires, contribue, malgré toute la résistance des professeurs, à abaisser et à matérialiser en quelque sorte l'enseignement du droit. On y exagère les faits aux dépens des principes. On se jette dans les arrêts à citer, au lieu de chercher les raisons à faire valoir. Il est, en effet, plus facile de colliger des sentences dans les répertoires au

moyen de tables bien dressées, que de remonter
à l'esprit même d'un article et à la pensée première du législateur.

On comprend, sans qu'il soit besoin de l'expliquer, jusqu'à quel point une étude bien faite de
la société, des rapports fondamentaux des hommes
entre eux, de leurs obligations personnelles, civiles, politiques, considérées d'abord en dehors de
toute détermination de lieu et de temps, ouvrirait
l'esprit à l'étude particulière des dispositions du
droit écrit. Vraiment, ce ne seraient plus là,
comme nous les appelions d'abord, des études
accessoires et complémentaires, mais, dans toute
la force du terme, l'introduction la plus naturelle et la plus indispensable aux enseignements
de la faculté de droit.

CHAPITRE III

**L'étude de l'économie politique au point de vue
de la connaissance du droit.**

I

Le même raisonnement s'applique avec une
force non moins grande aux études d'économie
politique et sociale.

Le droit ne saurait guère s'en passer.

De la même façon que la morale philosophique
est appelée à nous faire connaître cet homme intérieur auquel viendront s'appliquer les dispositions du code, de même l'économie politique nous

expliquera la société qui sert de milieu à ce même citoyen.

S'il faut lire sans cesse dans la raison pour savoir si le législateur a suffisamment respecté et suffisamment traduit le sens moral, tout de même, il ne faut point perdre de vue l'organisation économique et sociale de telle civilisation, pour savoir s'il en a été suffisamment tenu compte dans ses codes.

II

La loi écrite subit aujourd'hui une crise dont il faut se rendre compte, et cette crise n'a pas d'autre remède qu'une connaissance approfondie des conditions économiques et sociales.

Il s'est écoulé de longs siècles pendant lesquels la loi écrite a eu pour infériorité d'abord, et ensuite pour condamnation, de ne répondre qu'imparfaitement aux prescriptions intérieures de la justice et de la conscience. Une âme droite et sévère en était réduite, comme certains personnages de l'antique tragédie grecque, à faire appel contre les prescriptions des aréopages à cette autre loi sans organe et sans tribunaux, que tout homme porte au fond de son cœur. L'esclave ainsi, pouvait entendre murmurer sa liberté dans son âme ; et le fils écrasé par la puissance paternelle avait le droit d'en appeler à des dispositions plus équitables et moins inhumaines.

Le progrès des temps et des législations a donc amené ce résultat que la première crise de la loi écrite est désormais franchie. Celle-ci n'est plus guère en contradiction avec *ce maître intérieur* dont parle Fénelon. Si ses décisions n'ont pas la même portée ou ses prescriptions la même délicatesse, elle ne laisse pas de se prononcer dans le même sens. Ce n'est plus qu'une question de mesure et non pas de direction.

La seconde crise de la loi porte, non plus sur son accord avec les faits psychologiques qui la fondent, mais bien avec les faits sociaux auxquels elle s'applique.

Il n'est pas douteux que la loi écrite doit tenir compte, non pas seulement de l'homme, mais aussi de la société. Suivant que les lois de l'organisation sociale relèveront de tel ou tel principe, toute la jurisprudence change de forme en même temps que d'intention.

Il s'agit donc, à ce nouveau point de vue, de mettre la loi en harmonie avec les institutions sociales, avec les principes fondamentaux sur lesquels repose la civilisation.

III

Ici la question se déplace, et de juridique pour ainsi dire, elle devient purement économique.

Le législateur, sans perdre de vue les principes, doit tenir compte des faits.

Il faut absolument qu'il ne demeure pas étranger aux intérêts, aux rapports, aux luttes des peuples. Les découvertes de l'industrie ne changent pas seulement la face de la richesse ; elles entraînent, jusque dans le régime social, des conséquences de premier ordre.

Suivant que la culture agricole ou la production manufacturière vont prédominer chez une nation, il faut s'attendre à y trouver des mœurs et des besoins bien différents. Suivant que, dans l'industrie elle-même, le travail domestique ou le régime de l'atelier l'emportent l'un sur l'autre, vous n'aurez, pour ainsi dire plus les mêmes citoyens.

Quelle différence ne faut-il pas faire, au point de vue de la propriété, de sa transmission et de sa garantie, entre un peuple où la fortune publique demeure tout entière à l'état territorial, et cette mobilisation du capital à laquelle nous assistons dans les sociétés modernes? Peut-on soumettre aux mêmes lois pénales et imposer les mêmes limites juridiques aux transactions du crédit dans deux nations de fortune et de ressources inégales? N'est-il pas évident, par exemple, que le délit de l'usure ne saurait se maintenir ici et là dans les codes au même titre et sous la même définition?

Il est donc hors de doute qu'une connaissance exacte de l'économie politique est aujourd'hui plus que jamais indispensable à celui qui fait la loi.

Elle n'est pas moins nécessaire à celui qui l'applique, la défend ou la commente.

Serait-ce aller trop loin et manquer, contre notre intention, au respect de la magistrature, que de rappeler la faiblesse ou l'insuffisance d'un petit nombre d'arrêts où, malgré les louables efforts d'une étude infiniment trop récente, on sentait encore les restes d'une ignorance invétérée?

L'étude de l'économie politique s'allie d'autant plus aisément à l'étude du droit, que, pour en savoir tout ce qu'il a besoin d'en connaître, le jurisconsulte n'est pas obligé d'entrer dans des détails ni de descendre dans les chiffres de la statistique. Il peut, en toute sécurité, s'en tenir aux grands principes qui dominent les intérêts de la richesse, en même temps qu'ils représentent les droits de la morale.

Cet accord supérieur du bien et de l'utile, sur lequel tous les grands publicistes ont insisté et que Cicéron en particulier a si éloquemment défendu, constitue, au profit de la loi, une force incontestable.

Justifiée dans la pratique par ses bienfaits comme elle s'impose dans la théorie par son autorité, celle-ci cesse d'apparaître aux populations, toujours un peu résistantes, sous la forme sévère d'une prescription morale. Elle peut invoquer auprès des citoyens, comme motifs de leur obéissance, non pas seulement des considérations d'un ordre supérieur et psychologique, mais leur propre égoïsme en quelque sorte, puisque leurs intérêts matériels y trouvent aussi leur compte et leur garantie.

IV

Indépendamment de ce résultat général, l'enseignement de l'économie politique devrait encore se proposer un autre but pendant la première année du droit. Tout en évitant les questions trop particulières, tout en demeurant, non pas dans les généralités qui égarent mais dans les principes qui raffermissent, il ne faudrait pas perdre de vue l'avenir de cette puissante jeunesse. Il est assurément beaucoup de ces jeunes hommes que leur situation, leur talent, leur devoir, appelleront à jouer un rôle politique, à prendre part aux conseils de leur pays, à devenir des publicistes éminents. Nous approchons peut-être du temps où l'on finira par se dire qu'il n'est pas absolument indispensable, pour prendre part au gouvernement consultatif de son pays, d'ignorer les éléments les plus vulgaires des connaissances économiques et sociales. On finira un jour par reconnaître que la bonne volonté est aussi insuffisante pour faire un homme d'État, que le désir d'arriver au terme de notre voyage pour nous métamorphoser en mécanicien et en conducteur de locomotive.

Il arrivera alors, et je n'y ménage pas mes vœux, que tout homme ayant en perspective un avenir ou un rôle quelconque dans l'ordre politique, regardera comme le premier et le plus naturel de ses devoirs, d'entrer dans une connaissance plus intime du corps social, de se faire, sur chacun des grands problèmes que toute assemblée parlementaire est périodiquement appelée à traiter, non plus un parti pris par entêtement mais une opinion justifiée par des lumières. Nous aurions ainsi une représentation plus stable dans ses décisions économiques, et moins sujette à passer des résistances de l'obstination aux caprices de l'entraînement.

On comprend maintenant, sans qu'il soit besoin d'en dire davantage, de quelle valeur et de quel prix deviendraient dans la carrière d'un homme,

ces premières notions bien présentées et bien con-
duites.

Non-seulement l'étudiant y trouverait, pour tout
le reste de son droit, tout à la fois une introduction
et un complément, mais il y contracterait l'heureuse habitude de manier les questions sociales ;
tout au moins, il se familiariserait avec la méthode.
Il ne demeurerait pas ainsi, toute sa vie, comme
il arrive à tant de gens, sous le coup de cette incapacité, la plus terrible et la plus irremédiable
de toutes les incapacités : ne pas savoir travailler.

Les principes et la méthode devraient donc être
les deux préoccupations essentielles du programme
que nous réclamons. Avec la précaution de se maintenir dans de justes bornes, il n'y aurait là rien
qui dépassât ni le temps dont l'étudiant peut disposer, ni la somme des efforts qu'on en peut attendre.

CHAPITRE IV

**L'étude de l'esthétique ou science du beau au point de vue
de la jeunesse des écoles.**

I

Dans l'arrangement qu'on propose, la science du
beau trouve sa place à côté des sciences sociales et
à côté du droit naturel.

Il ne s'agit pas seulement de faire quelque chose
pour l'ornement de la vie, comme l'auraient dit
les anciens : l'esthétique, si négligée en France, si
cultivée ailleurs et particulièrement en Allemagne,
me paraît appelée à jouer un rôle tout à fait consi-

dérable dans l'économie générale de notre intelligence.

Il y a ici, dans notre éducation, une lacune dont le vide est aussi manifeste que regrettable.

Grâce à nos habitudes d'analyse, lesquelles vont parfois jusqu'à l'abus, en vertu de nos connaissances ou au moins de nos prétentions scientifiques, nous professons souvent cette doctrine tout à la fois présomptueuse et mélancolique, que les jouissances littéraires proprement dites ne sont plus faites pour nous. Nous les regarderions volontiers comme des jeux d'enfants, comme le délassement naïf de populations primitives et non encore éclairées. Nous voulons bien trouver tout simple qu'à une époque où les croyances sont indécises, les esprits faciles à charmer, les cœurs prompts à s'attendrir, le poëte obtienne aisément des succès et des larmes. Alors sans doute la littérature peut avoir son importance parce qu'elle a sa force. Il y a là comme un sacerdoce, et la science du beau rentre visiblement, par ce gouvernement spontané des âmes, dans les conditions de la morale.

Les civilisations modernes se trompent beaucoup, lorsque, pour s'être familiarisées avec des méthodes et des recherches plus sévères, pour

avoir renoncé en apparence à toute sensibilité poé-
tique, elles se croient en dehors et au-dessus de
toute influence littéraire.

La vérité est qu'en dépit de notre sérieux et de
notre affectation, nous sommes restés aussi sujets
que personne à ces tentations et à ces entraîne-
ments de l'esprit.

Nous écoutons au théâtre, le sourire sur les lèvres, une pièce qui nous semble en dehors de
nous et avec laquelle nous rougirions d'avoir quelque chose de commun. Nous suivons de page en
page, dans un roman, des aventures qui nous
paraissent une pure distraction et comme un spectacle fantasmagorique. Il arrive pourtant qu'en dépit de ce parfait désintéressement dont notre orgueil se vante, de ce détachement, de cette indiffé-
rence complète dont se targue notre supériorité,
ces cris, ces plaintes, ces corruptions ou ces élans
trouvent un infaillible écho dans le fond de notre
cœur.

En vain présenterions-nous notre bras afin de
faire constater par la science que notre pouls n'a
pas battu en présence de ces angoisses chiméri-
ques, si la surface de l'âme est restée ainsi immo-
bile par suite d'une certaine habitude de nous con-

tenir, soyez bien sûr que l'atteinte, pour être intérieure et invisible, n'en est que plus profonde.

Attendez un peu, et avec le temps, vous recon-
naîtrez la présence et les progrès du mal.

Il se sera fait, dans cette âme qui se prétend im-
passible et inattaquable, une infiltration lente et in-
vincible. Si l'erreur et le mal, si les impressions
funestes n'ont pas pénétré par la porte du cœur
fermé aux émotions et devenu, en effet, incapable
de sentir, ces impressions se transforment dans
l'esprit en idées et en théories. Nos modernes auteurs ne se font pas faute de donner à leurs inspirations les plus violentes quelque chose d'une
thèse et d'une leçon. Ils s'inquiètent autant d'établir leurs théorèmes par une démonstration, que
de saisir les regards par une peinture ou les âmes
par un sentiment.

C'est donc en vain que ce physicien rompu à tous
les secrets de l'expérimentation scientifique, cet
homme d'État familiarisé avec les détours du cœur
humain, ce financier désabusé sur toutes les con-
sciences, prétendent n'avoir plus rien à démêler
avec la littérature.

Pendant qu'ils en parlent avec tant de dédain
et de hauteur, il se trouve qu'elle prend sa revan-

che, au moment où ils s'en doutent le moins. Elle les saisit et les retourne à son gré.

Le théâtre, par exemple, exerce une telle domination sur certains esprits faibles et vides, qu'au lieu d'apprécier la vraisemblance du drame sur la vue vivante des réalités, ils appliquent au jugement de ces mêmes réalités leurs souvenirs du spectacle.

Ce renversement d'idées, cette aberration plus fréquente qu'on ne saurait le croire, attestent hautement l'empire, souverain encore, de cette littérature qu'on croyait morte. L'imagination, en effet, ne perd pas plus ses droits que ne le fait la passion. Si la forme de nos tentations change avec les habitudes des siècles, ces tentations n'en demeurent pas moins vives dans leurs atteintes, pas moins séduisantes dans leurs motifs et pas moins terribles dans leurs effets.

II

Il ne faudrait donc pas croire que la science du beau puisse être reléguée aux époques lointaines de la Grèce antique, et que notre jeunesse contemporaine soit dispensée d'en prendre souci. Ce n'est pas une chose vaine ni superflue que la formation du goût et le développement du sens critique. Il y a là une force et une défense naturelle contre la corruption littéraire.

Notons, à cet égard, qu'il y a, dans l'ordre du beau comme dans tout le reste, une seconde éducation dont la première est la préparation mais non point du tout l'équivalent.

En vain prétend-on, dans les classes, nous faire analyser les beautés des auteurs et nous apprendre à les goûter par la réflexion. Au fond, tout le procédé de la rhétorique se borne à développer en nous les facultés admiratives, et à donner plus de mouvement ou de délicatesse à notre sensibilité.

Cela est si vrai qu'on emploie comme un moyen infaillible, l'imitation de ces mêmes chefs-d'œuvre.

On nous convie à des efforts personnels et originaux pour les reproduire et devenir créateurs à notre tour; or toute tentative de composition est éminemment exclusive de la critique générale, et l'effort qu'on peut faire pour s'imposer à soi-même les règles du bon style n'a rien à démêler avec l'explication esthétique du beau, non plus qu'avec les conditions scientifiques dans lesquelles il se réalise.

Aussi nous reste-t-il, au sortir des classes, bien des choses encore à apprendre, même dans ces littératures dont nous avons été repus et saturés durant tant d'années.

Nous avons besoin de nous élever au-dessus de nos habitudes et souvent de nos préjugés classiques, de saisir l'effet d'un ouvrage non plus seulement dans ses relations avec la pensée qui l'inspire, mais encore avec la société qui s'en éprend. Nous devons nous prononcer, non plus seulement sur un livre abstrait, fait pour occuper un certain nombre de colonnes dans les cours de littérature, mais sur une œuvre vivante, pour ou contre laquelle les générations prennent parti et qui devient ainsi chaque jour, dans la mêlée sociale, ou un conseil de salut ou une tentative de corruption.

III

Nous pourrions répéter de la peinture, de la musique, des arts en général, ce que nous venons de dire pour la littérature.

Notre époque présente ce phénomène singulier, que, faute d'une formation suffisante de notre esprit, nous finissons par ne plus savoir distinguer, parmi les créations de l'art, celles qui relèvent du spiritualisme, ou qui, au contraire, se laissent entraîner au matérialisme le plus brutal.

Rien n'est plus triste et plus insuffisant, sous ce rapport, que l'éducation artistique donnée à la jeunesse : des maîtres de musique, souvent aussi remarquables par leurs procédés d'exécution qu'insuffisants par leur sens musical, des maîtres de dessin, rompus à toutes les pratiques, pour ne pas dire à toutes les roueries du métier, une exécution à effet, préférée à l'étude consciencieuse et sévère des modèles, le plus souvent une grande érudition des nouveautés à la mode, un empressement sans mesure à emboîter le pas des derniers succès pour profiter de leur vogue éphémère, et en même temps un oubli systématique ou une ignorance profonde du grand art.

Comment s'étonner, après cela, que nous ayons si peu le discernement des connaisseurs, et que ce goût supérieur du critique homme du monde aille de plus en plus en se perdant? Aujourd'hui, lorsque nous ne sommes pas avertis par quelque signe extérieur et matériel, par quelque nudité compromettante, par quelques paroles trop crues, par une mise en scène trop lascive, nous nous laissons volontiers prendre à des inspirations inférieures. Nous n'avons plus ce sentiment exquis du beau qui nous permettait de le reconnaître sous toutes ses formes et de le regretter dans toutes ses absences.

Il n'est pas impossible que certains esprits chagrins et égoïstes, désenchantés des émotions par les intérêts et impatients de réduire les autres à leur étroite mesure, se récrient contre la prétention d'initier ainsi la jeunesse à ces théories purement idéales. A quoi bon leur faire perdre leur temps dans des recherches transcendantes? Comme le disait l'autre jour, devant moi, un de nos derniers parvenus : « Nous n'avons plus le temps de nous instruire ! »

Il convient de laisser ces gens-là parler pour eux et se contenter d'une ignorance dont, au fond, ils ne seraient peut-être pas bien sûrs de pouvoir sortir.

Pendant qu'ils protestent au nom des jeunes gens qui ne leur ont point donné qualité pour parler en leur nom, je vois au contraire que ces mêmes questions littéraires se débattent avec plus d'acharnement et plus d'intérêt que jamais, non pas sans doute au pied d'une chaire ni autour d'une table ornée d'un tapis vert, mais, s'il faut tout dire, au café, à l'estaminet, entre le cigare qu'on allume et la bière qu'on se fait servir, peut-être même autour du billard où l'on joue.

C'est que la jeunesse ne perd ni les droits, ni la vigueur de son esprit. Abandonnée à elle-même, ici comme ailleurs, par une instruction incomplète et mal organisée, elle ne se laisse pas aller, et elle ne prendrait pas, comme le parvenu, le succès

même pour de la capacité. Elle entend bien discuter et soutenir ses admirations. Elle n'épargne aux
dénigrements d'autrui ni les arguments ni les
réponses. Le journal, malgré sa frivolité, lui vient
en aide et prend souvent la peine, sous la plume de
quelque feuilletoniste éminent, de lui donner des
consultations littéraires. En un mot, tout conspire
à l'entretenir d'art et de critique. Ses instincts l'y
portent, ses délassements même l'y convient. Il ne
lui manque rien, si ce n'est des principes et un
enseignement pour coordonner ces tentatives épar-
ses, régler le hasard de ses jugements et soutenir
contre les méprises les traditions du bon goût et
du bon sens.

CHAPITRE V

**Importance de ces études supérieures au point de vue
de la jeunesse des écoles.**

I

On ne doit pas espérer qu'un nombre de leçons
aussi restreint suffise pour donner aux élèves une
science achevée, en ce qui concerne l'esthétique,
l'économie sociale et le droit naturel. Ce serait
déjà beaucoup de les pourvoir de principes et d'une
méthode. C'est là véritablement la partie solide des
sciences, celle qui ne change pas. Les principes
se développent dans leurs conséquences par le

8.

raisonnement, et dans leurs bienfaits par l'application. La méthode, qui est l'emploi le plus raisonnable et le plus fécond de nos facultés dans chaque ordre de connaissances, ne change pas plus que ces facultés elles-mêmes. Une fois bien connue de celui qui s'en sert, elle présente cet avantage, qu'elle tire d'elle-même ses propres perfectionnements, à mesure que le travail d'usage multiplie les découvertes qui lui sont dues.

Cette initiation à la méthode et aux principes de l'esthétique, du droit naturel, de l'économie sociale, me paraît amplement suffire, et pourvoir non-seulement au présent mais aussi à l'avenir de la jeunesse.

Il ne s'agit plus là, en effet, d'un ordre de connaissances destinées à disparaître infailliblement de l'esprit, comme la grammaire ou la syntaxe grecque, les règles de la poésie latine ou les finesses du *que* retranché. La vie elle-même, telle que ces jeunes gens la rencontreront, ramènera sans cesse devant leurs yeux et tiendra en suspens sur leur tête ces mêmes problèmes dont ils auront discuté les grandes solutions. Les nécessités de leur situation, les devoirs de leur charge, les intérêts même de leur fortune ou simplement les préoccupations de leurs loisirs, les remettront perpétuellement en face de ces mêmes idées. Il ne se passera pas de jour sans qu'ils aient à en faire l'application, et, suivant les vicissitudes des courants humains, à en entreprendre l'attaque ou à en soutenir la défense.

C'est justement parce que la force même des choses ne permet à aucun de nous de détourner les yeux de ces sujets de réflexion; c'est parce que notre conduite n'en est que l'application, nos devoirs la conséquence et nos erreurs la négation, qu'il faut attacher plus d'importance à ces premiers éléments.

Il n'est pas logique de laisser ici la jeunesse s'en tirer toute seule, au risque de dépenser en pure perte la plus grande partie de sa bonne volonté. Pourquoi alors ne remplacerait-on pas le maître par un livre et la faculté par une bibliothèque?

Pourquoi ne pas lui laisser faire aussi son droit et sa médecine, à ses risques et périls et au hasard des tâtonnements? L'enseignement donné par la génération précédente à celle qui la suit est une avance, et cette avance la dispense heureusement de recommencer à l'infini les expériences du passé, au prix des mêmes fautes et des mêmes souffrances.

Il y a aujourd'hui, pour beaucoup de jeunes gens, des erreurs qui se reproduisent, à la façon des crises du tempérament, et qu'on traverse, à certains moments de la jeunesse, comme la dentition ou la puberté. Ce sont les mêmes illusions, les mêmes excès d'espérance, les mêmes besoins de justice, les mêmes impatiences de liberté. N'est-il pas exorbitant qu'il nous faille, toutes les vingt ou trente années, recommencer les leçons de l'expérience et reprendre la société par la base, comme si nous avions encore à signer le prétendu contrat social et à sortir de la barbarie?

Pour moi, lorsque je vois la jeunesse s'égarer et se laisser aller aux ivresses de la pensée, je songe par anticipation à l'époque si peu éloignée dans leur vie, où ces farouches apôtres d'un progrès séduisant mais impossible se rangeront à des idées plus saines, et deviendront, en toute conviction et en toute sincérité, les champions et les défenseurs de l'ordre établi. Ils auront eu le bon sens et le courage de revenir sur leurs propres idées, et de substituer, à cette première effervescence de leur esprit, une vue plus calme et plus saine des choses.

Il y a là, si je ne me trompe, une grande leçon à l'adresse des maîtres. Il ne faut pas qu'ils jugent ni qu'ils traitent avec sévérité ces intelligences qui leur résistent ou leur échappent encore. C'est précisément à eux qu'il appartient de faire ressortir plutôt l'homme intérieur, enveloppé encore dans les langes de l'adolescence. C'est à eux de hâter cette maturité prochaine, d'abréger cette première période d'indécision ou d'aventures. Je respecte, dans un jeune homme, un esprit égal au mien et qui a pour lui toutes les promesses d'une espérance indéfinie à opposer aux courtes richesses de notre expérience.

LIVRE II

L'ORGANISATION DE LA NOUVELLE LICENCE ÈS LETTRES.

CHAPITRE PREMIER

Le remaniement du programme.

———

I

Les limites auxquelles on vient de réduire l'esthétique, le droit naturel et l'économie sociale, donnent la mesure dans laquelle ces trois sciences devraient figurer à l'examen de la nouvelle licence et s'organiser durant l'enseignement du droit.

Il ne serait pas nécessaire de rien changer aux habitudes des facultés, ni à la forme ordinaire des compositions et des programmes. Il suffirait, puisqu'on doit supprimer dans le nouveau grade le thème grec et les vers latins, d'y introduire une ou deux compositions nouvelles qui en tiendraient lieu et s'y substitueraient tout naturellement, soit qu'on y ajoute une ou bien deux dissertations.

Comme nous avons, en définitive, trois sciences qui demandent à être également représentées dans l'épreuve écrite, sous peine d'être infailliblement négligées dans le travail de la préparation, il conviendrait peut-être d'en revenir à un procédé employé pendant quelques années au baccalauréat ès lettres.

Les candidats, pour n'avoir à faire qu'une composition avec la version latine, tiraient au sort entre deux sujets, l'un de discours français, l'autre de discours latin. On offrirait de même dans notre combinaison le choix entre trois sujets, de manière à tenir les aspirants en haleine et prêts à écrire, suivant la décision du hasard, sur les principes du beau, du juste et de l'utile.

II

Il sera bon d'examiner au moment où ces programmes seront arrêtés, s'il ne serait pas opportun de supprimer les auteurs grecs, ou, du moins,
de n'en laisser subsister qu'un plus petit nombre, et surtout des auteurs moins particulièrement difficiles. Il n'est plus question, en effet,
dans cette nouvelle distribution des connaissances et des épreuves, d'exiger une science approfondie et technique de la langue grecque. Il n'est
plus question, dans cette seconde licence, d'entrer dans toutes les difficultés des textes, de façon à voir hésiter, malgré son immense savoir,
tel membre de l'Académie des inscriptions et
belles-lettres qui vous examine à la Sorbonne. Il
faudrait, dans tous les cas, s'en tenir à des écrivains plus abordables et à des ouvrages plus ap-
propriés aux études nouvelles des jeunes gens.
Quoi de meilleur et de mieux choisi que tels ou

tels livres, soit de *la Politique* d'Aristote, soit *de la République* ou *des Lois* de Platon? quel charmant et fécond sujet de travail, que *l'Économique* de Xénophon, ou encore les deux petits traités sur Sparte et sur Athènes?

C'est dans ce même esprit qu'il faudrait apporter à la liste des auteurs français et latins quelques modifications discrètes. On ne voudrait, sous aucun prétexte, ôter à cette nouvelle licence son caractère élevé et littéraire ; on ne voudrait pas y supprimer la philosophie ni la rhétorique. Avant tout, on maintient la ferme résolution de ne point sortir, en fait de littérature, ni des grandes écoles, ni des vraies traditions. Mais enfin, il faut bien reconnaître que la suppression du vers latin dans les épreuves écrites entraîne, comme corrélatif logique, une élimination correspondante dans le choix des écrivains désignés. Lucrèce, Virgile et Horace deviennent moins nécessaires ; Corneille et Racine n'ont plus besoin d'être spécialement approfondis.

On ne prononce, il est vrai, qu'en tremblant ces grands noms, lorsqu'il s'agit de les écarter dans la seconde éducation de la jeunesse. Faire à un programme de tels retranchements, c'est assurément s'imposer, par compensation, le devoir d'y ajouter beaucoup d'un autre côté. On peut donc, sans dépasser les bornes des exigences raisonnables, y inscrire des auteurs nouveaux se référant aux études indiquées.

On n'introduira point dans le programme de questions générales relatives à l'esthétique, au droit naturel et à l'économie sociale. Les juges se contenteront de questionner les candidats à propos des textes qu'ils auront préparés. Pourvu que le système d'interrogation soit compris et pratiqué d'une façon un peu large et un peu élevée, cette façon de procéder suffira parfaitement pour garantir une préparation sérieuse.

On pourrait donc, suivant les réflexions qui viennent d'être présentées, choisir, pour chacune des trois sciences nouvelles, deux ouvrages seulement, ce qui ferait en tout six numéros. On pourrait, par exemple, en ce qui concerne l'esthétique, prendre le *Traité sur le beau* du père André, avec une des deux moitiés du grand ouvrage de Hegel. Si l'on voulait quelque chose de plus récent et de plus voisin de nos idées comme de nos exemples modernes, le cours de M. Cousin sur *le Vrai, le Bien et le Beau*, ou le bel ouvrage de M. Charles Lévêque répondraient tout à fait au programme. De même, en ce qui concerne le droit naturel, on aurait toute latitude pour indiquer quelques auteurs de notre dix-huitième siècle, Montesquieu, Rousseau, ou bien encore Grotius, Puffendorf, ou tel autre écrivain de cette catégorie ; telle œuvre de M. Stuart Mill ne paraîtrait pas déplacée pour donner matière à la controverse. Rien n'empêcherait, pour l'économie politique, de s'adresser au traité classique d'Adam Smith, et d'indiquer Turgot, Bastiat ou de Tocqueville comme sujets de travail et de recherches.

Enfin, les auteurs mêmes qui seraient conservés et qu'on voit figurer dans le programme actuel pourraient être abordés par un autre côté.

Les traités *des Lois* ou *de la République* de Cicéron remplaceraient avec avantage, pour le dessein particulier qu'on se propose, tel autre de ses opuscules. On se contente, comme on le voit, d'indications générales. Il ne s'agit pas de remplacer ici l'expérience des hommes compétents, mais seulement de motiver une réforme et d'appeler un progrès.

III

On peut se demander encore s'il ne conviendrait pas d'introduire dans la licence nouvelle la connaissance tout à la fois théorique et pratique d'une langue étrangère.

On se préoccupe beaucoup, à l'heure qu'il est, de procurer à chacun de nous l'usage familier d'un autre idiome, et il ne manque pas de professeurs ou de méthodes avouant ouvertement la prétention de réduire l'étude des langues à un véritable mécanisme, à une sorte d'imitation par entraînement. Cette théorie purement utilitaire regarderait volontiers comme une initiation suffisante l'inexorable nécessité de se faire entendre, lorsqu'on se trouve sans interprète dans un pays où il faut cependant pourvoir aux exigences de sa situation. La licence ès lettres inviterait les esprits à des efforts plus dignes d'eux. Elle demanderait, à bon droit, une connaissance plus approfondie des principes grammaticaux et du génie propre de chaque langue, connaissance qui exige, à n'en pas douter, une certaine familiarité avec les auteurs classiques du pays.

Cette épreuve pourrait être plus justement imposée, lorsque les réformes entreprises à cet égard dans notre système général d'études auront porté leurs fruits.

Les juges, dans tous les cas, seraient en mesure, comme cela se pratique aujourd'hui pour l'épreuve facultative du baccalauréat, de laisser à chaque candidat le choix de la langue sur laquelle il désirerait être interrogé. Les auteurs, ici encore, seraient désignés à l'avance. Les épreuves orales seraient conçues de telle sorte que l'on devrait s'exprimer en français sur les auteurs allemands, anglais ou italiens, représentant les chefs-d'œuvre littéraires de chaque idiome. On pourrait ensuite exiger des réponses dans la langue même de l'auteur porté au programme, lorsqu'il s'agirait d'ouvrages d'économie politique ou de droit naturel, dont les idées se rapprochent plus de la conversation courante et des besoins usuels.

CHAPITRE II

L'organisation des cours et du travail.

I

Avant tout, nous ne voulons point perdre de vue, dans les améliorations proposées, ni le but principal des étudiants en droit, ni les justes intérêts des familles.

Il faut être ménager des moments comme des efforts des jeunes gens, car les uns et les autres sont également précieux.

La règle suprême doit donc être ici de pouvoir aboutir au grade dont on donne le conseil, sans prolonger en aucune façon la durée des études et sans y consacrer plus qu'une partie des loisirs démesurés auxquels beaucoup de bonnes volontés succombent.

Est-ce trop demander, que de compter, en moyenne, sur deux heures de travail littéraire par jour? Beaucoup d'étudiants aujourd'hui ne consacrent-ils pas plus de temps à des occupations supplémentaires? Nous avons donc ainsi, en ne tenant pas compte du dimanche, douze heures de travail au minimum. Sur ces douze heures, j'en attribue quatre au professeur et huit à l'élève. Je voudrais un cours de trois leçons par semaine; la quatrième heure serait consacrée à une sorte de répétition, à des conseils personnels, à la correction motivée des travaux écrits. Ce dernier point me semble tout à fait essentiel. Les huit heures libres suffiraient aux lectures, aux recherches, à la composition, en prenant pour point de départ le niveau un peu élevé d'études bien faites.

Chaque cours, d'esthétique, de droit naturel, d'économie sociale, durerait trois mois seulement. On aurait donc ainsi, à raison de trois leçons régulières par semaine, un total de trente-six leçons, pour chaque ordre de connaissances. C'est assez pour le résultat qu'on se propose et pour le but qu'on poursuit.

II

La seule question qu'on puisse se poser maintenant est celle de savoir où placer, dans une journée si occupée par les leçons et les répétitions de la faculté, quatre conférences nouvelles.

Cette difficulté disparaît, si l'on veut bien consentir à une réforme dont nos mœurs et nos usages nous donnent depuis longtemps le conseil. Ces cours devraient être faits le soir.

On ne s'explique pas aisément pourquoi, malgré le vœu des auditeurs et les réclamations des municipalités, les cours des facultés ont été obstinément maintenus, en province surtout, à des heures qui en éloignent ceux-là mêmes qui paraissent, de droit, appelés à y assister.

Passe encore pour Paris, où l'immensité du public, le grand nombre d'hommes de loisir, de fonctionnaires retraités, de personnes habituées aux jouissances de l'esprit et désireuses de se les procurer, assurent aux éminents professeurs de la Sorbonne et du Collége de France un auditoire suffisamment digne de leur érudition et de leur éloquence. Mais comment s'expliquer, dans des villes de commerce ou de magistrature, que les leçons se fassent justement aux heures des affaires et des audiences ? Il semble vraiment qu'on redoute un public trop nombreux.

L'expérience cependant est là pour répondre victorieusement aux objections qu'on pourrait élever contre cette innovation. Certaines villes ont dû en appeler aux clauses de leur contrat avec le gouvernement et ont obtenu le maintien des cours du soir. Quelques recteurs, plus énergiques ou mieux avisés que d'autres, ont pris sur eux des arrêtés locaux, ou obtenu des exceptions en faveur de leur académie. Partout où l'on ne s'est pas obstiné à éloigner le public par des heures impraticables, une affluence exceptionnelle a multiplié les résultats des leçons en même temps que les efforts des professeurs.

Il ne faudrait pas se donner à soi-même, pour

se consoler du vide qu'on crée ainsi autour des chaires, cette prétendue excuse que le grand nombre des auditeurs produit une tendance à l'abaissement dans l'enseignement des facultés. C'est là une raison inventée pour expliquer certains déserts. Comme les salles sont ouvertes à tous venants, il n'est pas même besoin d'envoyer des inspecteurs pour vérifier, à bref délai, si les cours faits avec le plus de soin et de résultats sont ceux qui se débitent en famille devant dix personnes, ou, en pleine lumière, devant des centaines d'auditeurs.

III

Au reste, quoi qu'il en puisse être des rapports du public avec les facultés des lettres et des sciences, il nous suffit, pour serrer la question de plus près, d'examiner quel est ici le véritable intérêt des élèves.

L'usage des cours dans l'après-midi ne répond

plus que d'une façon très-imparfaite à la distribution régulière du temps dans nos habitudes modernes.

On perd de vue, ici, qu'au moyen âge, à l'époque où les grands docteurs de l'Université de Paris professaient, en plein vent, sur l'emplace-
ment inhabité qui devait être la place Maubert ;
alors que les étudiants couchaient sur de la paille,
dans les abris de la rue du Fouarre, la journée
effective de travail commençait à cinq heures ou
six heures du matin.

A l'heure où l'étudiant moderne entend, sans
sortir de son lit, la cloche des chantiers qui appelle encore à la besogne les ouvriers du bâti-
ment, son devancier ne manquait pas de se lever.
Lorsque le couvre-feu sonnait entre huit et neuf
heures, lorsque le guet et les veilleurs de nuit se
répandaient dans les rues enchaînées, il ne tar-
dait pas à regagner son gîte et à s'y endormir. Il
n'y avait point alors, à proprement dire, de soirée.
Le souper de nos pères terminait tout, et c'était
un excès, de s'y attarder jusqu'à dix heures du
soir.

On comprend de reste, qu'avec ce régime, il
n'était pas question de mettre les cours à ce mo-

ment ; il n'y avait vraiment pas de temps disponible à cette extrémité de la journée.

Est-il besoin de faire ressortir le contraste de nos habitudes avec celles qu'on vient de rappeler ?

Lorsque arrivent huit heures du soir, à Paris, on a encore devant soi un long intervalle. Les étudiants ne l'ignorent pas, et lorsqu'ils ont quelque travail qui les occupe ou quelque examen qui les menace, ils savent bien comment retrouver, dans un emploi momentané de ces loisirs, les heures qui allaient leur faire défaut.

La sincérité oblige de reconnaître qu'après une journée déjà occupée, ce travail du soir demande un certain courage. Il n'est pas trop étonnant qu'on cherche à consacrer ce temps plutôt à des distractions qu'à de nouveaux efforts. On finit ainsi, malgré des résistances honorables et malgré de nombreuses exceptions, par être assez généralement embarrassé de ces heures vides et souvent périlleuses à remplir.

Les étudiants sont les premiers à se rendre compte de cette situation et à souhaiter d'y mettre un terme. Leurs cercles, leurs réunions, leurs conférences sont toutes placées à ce moment-là.

Loin de chercher à se réserver ces heures moins heureuses et moins favorables, ils sont les premiers à en disposer pour des relations honnêtes et pour des travaux profitables encore, quoique insuffisamment conduits.

J'ai cette noble confiance dans la jeunesse de mon pays, pour l'avoir longtemps pratiquée et avoir appris à l'aimer en même temps qu'à la connaître, que personne, dans les facultés de droit, ne regarderait comme exorbitant d'engager ainsi quatre soirées pendant une heure sur les sept jours de la semaine. On pourrait même, à la rigueur, rendre facultative la conférence de correction. L'élève qui n'aurait pas présenté de travail écrit pourrait, ce jour-là, s'absenter avec moins d'inconvénient.

IV

Les facultés de droit sont ainsi distribuées en France que le nouvel enseignement trouverait par-

tout, sans qu'on ait à y pourvoir, des professeurs
capables et qui ne laisséraient absolument rien à
désirer.

Il n'est pas une seule faculté de droit, je parle
des plus anciennes comme des plus récentes, de
celles-là même dont on réclame aujourd'hui la création, qui n'ait à côté d'elle une faculté de lettres,
c'est-à-dire un collége entier de professeurs habitués à se dévouer à la jeunesse.

Ces professeurs ne sont pas seulement des maîtres experts dans la spécialité que chacun enseigne ;
mais, la plupart d'entre eux, devançant les besoins
des temps, ont poussé très-loin, pour la satisfaction
de leur propre esprit, ces études appliquées qui
dépassent, dans une certaine mesure, le cadre officiel de l'enseignement classique. Rien n'empêcherait d'ailleurs de leur adjoindre, partout où
besoin serait, des professeurs libres présentant des
garanties suffisantes.

Ce serait le cas ou jamais d'essayer chez nous
le système des *privat-docent*, dont les universités
d'Allemagne ont tant à se louer. Pourquoi n'ad-
mettrait-on pas à ce nouvel enseignement de jeunes
docteurs dûment pourvus de leurs grades, ou même
dispensés par un prix à l'Institut de fournir des

garanties spéciales? Dans ces conditions largement tracées et défendues par la loi elle-même à la fois contre tout écart et contre tout arbitraire, ils pourraient ouvrir, à leurs risques et périls, de véritables cours libres où chacun viendrait s'inscrire suivant ses convictions et ses préférences.

Au reste, ce que nous proposons ici n'est point aussi nouveau qu'on pourrait le penser. Il existe à Paris et dans certaines grandes villes de province, à Lyon par exemple, des centres de préparation pour la licence, fortement organisés et situés tout à fait en dehors de la juridiction des facultés, pour l'enseignement que les professeurs y donnent sinon pour les examens que les élèves ont à subir.

CHAPITRE III

Le budget du nouvel enseignement.

I

On ne saurait, dans le plan qu'on propose ici aux réflexions les plus sérieuses des pères de famille, omettre une question qui a toujours eu son importance et à laquelle les circonstances présentes donnent peut-être encore plus de gravité.

Je veux parler de la question d'argent.

Nous ne sommes malheureusement pas à un de ces moments de notre histoire où les fortunes les mieux assises puissent faire aucune dépense sans y avoir réfléchi. Il est, en outre, un grand nombre de familles de parvenus, qui, arrivées par le savoir-faire, si voisin de l'intrigue et si différent du mérite, regardent comme bien mal justifiés les sacrifices que peut demander l'instruction de leurs enfants. Nous n'en sommes malheureusement plus au temps où les gens enrichis regardaient comme leur premier luxe et le plus beau privilége de l'argent, la faculté de faire donner à leur fils les connaissances qui leur avaient manqué à eux-mêmes.

Ainsi donc, soit que les charges des parents imposent aux moins aisés la nécessité de l'économie, ou que l'aveuglement de la richesse conseille l'avarice aux moins éclairés, il n'en demeure pas moins constant que, même pour une somme de quarante ou de cinquante francs, il faut compter avec nos habitudes françaises : notre luxe actuel ne donne pas de ce côté-là.

Voilà pourquoi je ne laisse pas de regarder comme un grand avantage que cet enseignement supplémentaire ait, même avant sa création, un budget tout trouvé, budget dont la restitution sera, de la part de l'État, un acte de justice, en même temps que sa destination nouvelle en fera pour les familles le plus avantageux des placements.

Je veux parler de cet impôt équivoque, dont l'établissement n'est pas très-régulier ni la perception très-légale, ces dix francs par trimestre, demandés à chaque étudiant en droit pour leur présence hypothétique à des cours de lettres qu'ils ne suivent pas, ou, pour leur assurer leurs droits à un examen de licence qu'ils ne passent jamais.

Les inscriptions de la faculté des lettres reviennent à dix francs par trimestre, soit, pour les huit inscriptions des deux premières années, à un total de quatre-vingts francs. Y aurait-il rien d'exorbitant à élever la somme à cent francs, et à la répartir tout entière, dans la première année, en quatre trimestres de vingt-cinq francs chacun? Ceux-là seuls que le malheur d'un premier examen ou l'insuffisance reconnue de leur préparation conduirait à continuer leurs études littéraires pendant le commencement de la deuxième année, auraient à s'acquitter d'un ou de deux trimestres de plus. Ce dernier supplément de recettes servirait à combler le déficit des découragements et des désertions.

On pourrait donc compter sur une moyenne de cent francs par élève, et il est facile, en prenant dans les documents officiels le chiffre des étudiants de chaque faculté, d'établir d'une façon approximative le budget du nouvel enseignement.

La rétribution qui sera ainsi mise à la disposition des nouveaux professeurs ne se trouvera pas toujours en rapport avec les efforts qu'ils auront à faire, ni avec le temps et les travaux qui leur seront ainsi demandés. Mais cette considération n'est pas de celles qui peuvent, avec leurs habitudes de désintéressement, motiver leur acceptation ou leur refus de cette tâche nouvelle. Depuis longtemps, en France, ceux qui ont pour mission d'enseigner ont pour habitude de faire l'aumône de l'instruction à ceux qui ne savent pas la payer.

Il y aurait à examiner ici jusqu'à quel point l'État pourrait être mis en demeure par la loi de fournir un complément à des honoraires trop pauvres; car la besogne est, en pareil cas, indépendante, dans une certaine mesure, du nombre des auditeurs. Les règlements organiques devraient écarter, avec un soin jaloux de la liberté, tout ce qui ressemblerait à une subvention toujours suspecte et si souvent convaincue de favoritisme. Les chiffres

seuls devraient prononcer et mettre en demeure
l'administration de combler le déficit, dès qu'un
certain minimum garanti au professeur ne serait
pas atteint par les inscriptions de l'année.

LIVRE III

LE ROLE DE LA NOUVELLE LICENCE ÈS LETTRES DANS LE
RÉGIME GÉNÉRAL DES ÉTUDES DE DROIT.

CHAPITRE PREMIER

**La nouvelle licence ès lettres, considérée dans ses rapports
avec le doctorat en droit.**

I

Il ne suffit pas d'organiser des moyens d'étude
sérieux, accessibles, peu coûteux pour conduire
les jeunes gens à une licence ès lettres tout à la
fois raisonnable et utile ; il ne suffit pas de mettre
ces moyens d'étude à leur disposition pour être
bien certain qu'ils voudront en profiter. Qui sait,
avec les idées d'instruction obligatoire dont se
laissent obséder les meilleurs esprits, s'il n'y aura

pas ici quelque réclamation élevée contre la liberté, en faveur de la contrainte?

Nous avons beau être cent fois persuadés ; nous avons beau regarder comme absolument indispensable une occupation qui tire la jeunesse de cette première oisiveté si exposée à devenir chronique, nous ne voudrions pas, pour cela, ajouter encore une étude mal faite à toutes les indigestions des programmes antérieurs.

Les esprits impuissants, les natures dissipées, les tempéraments paresseux ou malsains ne retireraient guère de profit d'une nouvelle couche littéraire, passée à la hâte par quelque préparateur mercenaire, sur leur intelligence mal polie et mal dégrossie. La nécessité de ne pas refuser trop de candidats entraînerait la pitié des juges à abaisser avec quelque complaisance le niveau des examens, comme on abaisse les barrières dans les cirques devant les écuyers mal dressés ; il n'y aurait après tout qu'un mince avantage pour les étudiants sans nerf et sans goût à jouer une seconde comédie du baccalauréat.

J'aime bien mieux, dans cette sphère plus élevée, dans cette région de la licence ès lettres qui ne saurait être le domaine de tous, laisser toute sa responsabilité à la paresse et tout son mérite à la bonne volonté. Les examinateurs n'auront plus besoin de céder à des considérations étrangères à la science ; ils ne seront pas tentés de consulter leur cœur au moins autant que leur raison, et les nécessités des familles à l'égal des réponses des candidats. Ils sauront qu'ils ont devant eux des sujets d'élite, des hommes résolus à mériter leur succès et à justifier d'avance même les faveurs dont ils pourraient être l'objet.

II

La liberté de ne point se présenter à la licence ès lettres ne doit point, en bonne justice, défendre d'en tenir compte à ceux qui ont fait cet effort et acquis ce titre.

L'organisation actuelle des études de comme l'administration, se prête d'elle-même à un arrangement.

Il y a longtemps qu'en présence du grand nombre

10.

des candidats offerts au choix des procureurs généraux et du ministre de la justice, on réclame, pour
les aspirants à la magistrature, un diplôme qui
atteste des études supérieures dans la jurisprudence.

Il a été question, à plusieurs reprises, et à de
certains moments érigé en règle à la chancelle-
rie, que les docteurs en droit devaient avoir la pré-
férence et prendre le pas dans l'ordre des nomi-
nations. Malheureusement, les bonnes inspirations
sont fugitives. Tant qu'elles demeurent dans les
âmes, même les mieux intentionnées, à l'état de
faits psychologiques, elles ont, grâce à la faiblesse
des puissants et à la violence des protections, bien
peu de chance d'être constamment suivies.

Il vaudrait donc mieux, je pense, pour tout le
monde, — pour les ministres, qui y trouveraient une
défense contre les solliciteurs, pour les familles, qui
y verraient une garantie contre les intrigues, pour
les élèves enfin, qui seraient mis en demeure ainsi
de s'assurer la recommandation si sûre de leur
propre valeur, — il vaudrait mieux qu'une loi im-
posât pour condition absolue le doctorat en droit
à tout aspirant magistrat. Il est entendu qu'on
pourrait sauvegarder d'éclatantes exceptions, jus-

tifiées soit par le bâtonnat, soit par quelque titre littéraire, soit par de longs et évidents services.

La nouvelle licence ès lettres deviendrait, à son tour, la condition du doctorat en droit.

Il n'y aurait rien là que de juste et de sensé.

Le doctorat, dans tout ordre de facultés, doit rester une épreuve tout à fait supérieure. Lorsqu'on veut bien considérer quel rôle jouent, à l'heure présente, les avocats parmi les hommes qui parlent et qui gouvernent, nul ne nous reprochera d'augmenter les garanties de leur éloquence et de leur savoir.

Cette fonction, attribuée à une nouvelle licence ès lettres, ne change absolument rien à l'économie générale des études de droit ; bien loin de diminuer le nombre des docteurs dans cette faculté, elle contribuera, sans aucun doute, à les augmenter.

Le grade de docteur en droit n'est exigé nulle part dans aucune des carrières qui relèvent de cet ordre de connaissances, si ce n'est pour se présenter au concours d'agrégation, comme aspirant professeur.

Il n'y a donc là aucun inconvénient, ni aucune gêne pratique pour personne ; chacun peut, autant qu'il le voudra, continuer à s'en tenir à son diplôme de licencié, seul nécessaire pour acquérir telle charge ou se pourvoir de tel office.

Sans doute, le jour où la nouvelle licence littéraire sera ajoutée aux épreuves déjà nombreuses et difficiles du doctorat en droit, il semble, au premier abord, qu'il y ait un effort nouveau à faire et un supplément de connaissances à acquérir.

Toutefois, les professeurs de la faculté de droit eux-mêmes vous diront si les épreuves auxquelles ils soumettent les candidats, les connaissances qu'ils en exigent, les argumentations auxquelles ils les convient, ne supposent pas, en effet, une culture générale, égale sinon supérieure, à celle dont nous demandons la preuve et dont nous assurons les moyens.

III

Il se manifestera ici, en vertu des lois mêmes du cœur humain, un phénomène dont il faut dès maintenant tenir compte. Cette première épreuve augmentera d'une façon sensible le nombre des doctorats en droit ; elle deviendra une sorte d'engagement auquel, dans la suite, on sera moins disposé à manquer.

Platon a écrit, dans un ses Dialogues, un mot profond qu'un grand politique aimait à citer : *Le commencement est la moitié du tout.*

Commencer une œuvre, c'est, pour les esprits sérieux, contracter envers soi-même une sorte d'obligation de la terminer, en même temps que c'est ôter à la tâche de la poursuivre la plus grande partie de sa difficulté.

Le grand malheur du doctorat en droit, c'est qu'il ne comporte aucun travail préparatoire qui cultive et qui affirme la volonté persévérante de s'en occuper. Il apparaît aux débutants comme un brillant résultat à atteindre, mais non pas comme une préoccupation à soutenir. Pour le moment, ils n'ont rien à faire qu'à le rêver. C'est à quoi ne manquent guère les étudiants de première année. Vous offenseriez beaucoup le moins entreprenant et le moins préparé d'entre eux, si vous mettiez un seul instant en doute sa résolution de parvenir jusque-là. Il y est d'autant. plus décidé, que cette perspective ne l'engage à rien pour l'heure présente et ne lui demande aucun surcroît de travail.

Il est bien à regretter que cette bonne volonté et cette confiance de la première heure ne soient pas mieux utilisées, non pas seulement dans l'intérêt des lettres, mais au point de vue même du droit.

Voilà pourquoi il sera si utile de convier les jeunes gens à la conquête d'un diplôme, lequel deviendra lui-même un commencement d'exécution par rapport au doctorat en droit. Lorsqu'on aura terminé sa licence et qu'on se tâtera, avant de se résoudre à poursuivre ou à abandonner ses études, on se souviendra avec fruit de ce diplôme déjà obtenu et de cette première difficulté surmontée. Les âmes vaillantes et généreuses, comme le sont particulièrement celles des jeunes gens, s'attachent à une entreprise en raison de ce qu'elle leur a déjà coûté. C'est ici le cas d'appliquer le mot de Platon. Tel qui hésiterait à entamer l'affaire de son doctorat trouvera simple et facile de la continuer.

Il le fera d'autant plus volontiers, que l'enseignement de la nouvelle licence lui aura ouvert, sur ses études mêmes de législation, des jours nouveaux et inconnus. Les sciences se spécialisent à leur début et se généralisent par leur couronnement. Tandis que l'humble pionnier se contente de travailler les détails dans la demi-obscurité des premières connaissances, à mesure que l'esprit s'élève et gagne les sommets, il ne tarde pas à atteindre les hauteurs qui l'environnent, jusqu'à dominer et à embrasser d'un coup d'œil les sciences les plus voisines.

Sans vouloir déprécier en rien le mérite des thèses présentées jusqu'ici devant les juges, il est bien permis de faire deux remarques qui ne seront contestées par personne.

En premier lieu, malgré la variété des points de vue et l'inépuisable fécondité de la science, il n'est pas toujours bien facile à un jeune homme de trouver, dans les limites des programmes, un sujet tout à la fois neuf et classique, dont l'étude offre assez d'intérêt pour l'entreprendre sans trop de difficulté pour en venir à bout. Il est hors de doute, — et c'est en cela que consiste notre deuxième observation, — que les candidats les plus heureusement secondés par leur choix sont, depuis quelques années, ceux qui abordent des sujets mixtes et intéressant, par exemple, l'économie sociale, l'administration, ou même la politique. Il faut se féliciter de ce retour aux idées générales. Nous avons tellement souffert, depuis trente ou quarante ans, de notre tendance à la spécialisation c'est-à-dire au rétrécissement, que cette heureuse pensée d'élargir un peu les horizons doit être considérée comme une conquête et un bienfait.

Il suffit de se rappeler les différents ordres d'idées auxquelles la licence nouvelle convie les jeunes gens, pour comprendre toute la puissance du secours qu'elle apporte à la composition d'une thèse de droit. L'aspirant docteur aimera à reprendre ses études de philosophie sociale et d'économie politique ; il les éclairera des lumières qu'une étude plus approfondie des législations lui a permis d'acquérir, et sa thèse les fondra dans une harmonieuse et puissante unité.

CHAPITRE II

**La nouvelle licence ès lettres considérée dans ses rapports
avec l'avenir des jeunes gens.**

I

Ne parlons pas seulement du droit et des études
par lesquelles on se prépare à plaider ou à rendre
des arrêts.

Ne nous bornons pas à ces premières années,
malgré l'importance exceptionnelle de leur emploi. Suivons le jeune avocat dans son cabinet, et
essayons d'apprécier en peu de mots l'influence
que cette culture littéraire doit avoir sur ses premiers temps d'exercice.

11

De même que les études de droit sont organisées de telle sorte qu'au début elles permettent aisément la paresse, de même, la profession d'avocat laisse ordinairement, à l'entrée de la carrière, un loisir dont il n'est pas sans intérêt de prévoir l'emploi.

Rien de plus commun, en Angleterre et en Allemagne, que des étudiants de vingt-quatre et de vingt-cinq ans. Les jeunes gens qui appartiennent à des familles riches tiennent à honneur de se ménager une éducation de luxe ; ils se font instruire avec une sorte de solennité, n'épargnant rien pour se satisfaire eux-mêmes et se maintenir au niveau des grandes destinées que rêve leur ambition ou qu'attend leur naissance.

Il n'est pas facile, en France, de trouver rien de pareil.

Ce n'est point le courage qui manque chez nous à la jeunesse, mais plutôt la patience et la raison qui font défaut aux pères de famille: On dévore en quelque sorte le temps pour hâter l'essor de son fils. Au lieu de ramasser sur sa tête ce capital supérieur de connaissances et de maturité qui en ferait pour l'avenir un homme supérieur, les parents hâtent de leurs vœux les plus ardents l'heure où cet aspirant à la vie quittera le banc des écoles pour prendre son rang et se mettre dans la file qui conduit à la dignité et à la fortune.

Cette impatience amène des résultats étranges : il faut vraiment toute notre habitude de les voir pour n'en être pas choqué.

Tous les jours, vous trouvez sur les bancs du même collége le fils du millionnaire assis à côté du fils de son dernier fournisseur, celui dont le père siége au sommet de la magistrature et l'enfant d'une pauvre veuve réduite à tirer l'aiguille pour acheter les livres de la classe et pourvoir au pain de chaque jour.

Dans cette inégalité de situation, où l'un est pourvu de tout et où l'autre attend avec impatience le moment de gagner sa part du souper de la famille, le plus impatient des deux n'est pas le pauvre et le mendiant. C'est presque toujours l'homme auquel une haute position sociale se trouve destinée. L'autre, le prolétaire, sent trop bien qu'il ne trouvera aucun appui dans son nom ni dans sa fortune, et ce point d'appui, il est réduit à l'heureuse nécessité de le chercher et de se le préparer en lui-même. Le fils de famille, enivré de protections, impatient de prendre son rôle dans le monde, plus confiant dans la faveur du dehors que dans son mérite personnel, dans l'habileté de ses intrigues que dans la persévérance de son travail, croit avoir tout gagné lorsqu'il a hâté d'une année ou de quelques mois le moment de produire sa médiocrité; et tandis que le pauvre se ménage la forte instruction d'un aristocrate, le riche se contente le plus souvent d'une véritable éducation de mendiant.

Grâce à ce système et à cette impatience, rien n'est plus commun que de rencontrer des avocats beaucoup trop jeunes. Le public est fort excusable de ne point leur assurer trop vite une clientèle. Ils peuvent avoir passé convenablement leurs examens, mais il est bien difficile d'admettre, avec ces études faites au pas de course, qu'ils n'aient pas encore besoin de mûrir.

Il se produit donc ici une seconde lacune dans leur vie. Ils ont, entre le jour où ils remportent leur dernier diplôme et le moment où ils peuvent faire un service actif au palais, un intervalle, un loisir dont ils auraient tout avantage à profiter pour eux-mêmes, au lieu de se consumer dans les agitations de l'intrigue ou dans la dignité de l'ennui.

A ce moment-là, les études de droit auxquelles on vient de consacrer trois ou quatre années non interrompues, quelquefois davantage, n'offrent plus assez d'attrait pour soutenir l'attention et provoquer des recherches nouvelles. On ne serait pas fâché de s'occuper d'autre chose, et de faire trêve, pour un moment, aux juristes et aux commentateurs.

C'est ici que le bienfait de la licence nouvelle se ferait plus particulièrement sentir.

Que de jeunes avocats seraient heureux d'exercer leur esprit et de faire leurs premières armes d'écrivains sur une thèse de doctorat ès lettres ! La Sorbonne se montre ici d'une largeur et d'une élévation de vues que rien n'égale. L'indépendance du candidat ne rencontre pas de bornes dans le choix du sujet ; je ne connais pas de plus grande et de plus sincère liberté. Il n'est pas un ordre d'idées pouvant donner lieu à un travail sérieux et convaincu, qui ne soit accepté sans discussion et accueilli avec faveur par ces juges vraiment capables de tout comprendre et de tout discuter.

Il ne s'agit plus ici, bien entendu, comme aux heures plus périlleuses et plus désœuvrées de la jeunesse, de sauver d'elle-même et des tentations une âme mal préparée encore aux luttes de la vie, mais d'obtenir un résultat plus considérable dont toute la carrière de l'orateur est appelée à se ressentir.

II

Nous avons, dans toutes les fonctions sociales, un grand nombre d'hommes qui se recommandent par les détails; il en est malheureusement très-peu qui présentent une valeur d'ensemble. Les meilleurs esprits sont éclairés par parties; mais, par intervalles aussi, ils gardent encore des obscurités passagères, semblables à ces grandes taches que produisent sur l'étendue du pays les nuages opposés dans leur course aux rayons du soleil. Il y a peu de ces esprits tout à la fois sereins et puissants, dans lesquels la lumière ne rencontre pas d'obstacles, et qui se possèdent véritablement tout entiers.

Ce défaut d'achèvement intellectuel tient à ce

que nous ne voulons jamais prendre la peine d'é-
puiser un sujet et de le conduire à son dernier
mot. Il y a, pour un esprit de quelque ressource et
de quelque vigueur, un charme incontestable à
manier une question, à la retourner, à la sonder
en quelque sorte, sans avoir à entreprendre la
tâche plus ardue de la défricher jusqu'au bout.
Ce travail complaisant s'interrompt volontiers dès
qu'il en vient à des difficultés réelles et faites
pour exiger un labeur sérieux. On goûte ainsi le
charme d'une rêverie élevée et intéressante, sans
avoir à poursuivre ni recherches, ni travail.

Une thèse de doctorat ès lettres est un livre
véritable qui demande toutes les qualités de l'é-
crivain, et dont on ne peut se tirer qu'en se sou-
mettant aux règles sévères de la grande composition. L'emploi de toutes les facultés, sans exception,
y est requis, et il devient nécessaire d'imposer à
chacune d'elles les méthodes qui peuvent lui assurer le plus de force et le plus de suite. En un
mot, le candidat est mis en demeure de donner sa
mesure. Semblable à l'homme dont on éprouve
la force au dynamomètre, il rassemble tout son
effort pour imprimer à son bras l'impulsion la
plus vigoureuse ; il arrive ainsi à des effets sur

lesquels il n'aurait pas cru pouvoir compter.

C'est une grande chose, dans une carrière, que d'avoir, au début surtout, fait une œuvre complète, alors même qu'en présence des succès ultérieurs, cette œuvre ne devrait servir qu'à marquer le point de départ de l'essor et qu'à mesurer l'intervalle du progrès parcouru.

CONCLUSION

CONCLUSION

I

Le temps est un pour tous les hommes, bien qu'à les regarder les uns à côté des autres et qu'à comparer le résultat de leurs efforts, les jours ne paraissent pas avoir le même nombre d'heures pour chacun d'eux.

Il faut attribuer sans doute cette inégalité à l'impuissance des uns et à l'énergie supérieure des autres, l'intensité d'action ayant incontestablement pour effet de multiplier le temps par les résultats; mais il faut aussi faire entrer en ligne

de compte, à côté de cette faiblesse et de cette puissance natives, le bon emploi et le bon aménage-
ment des jours. Il est remarquable que les gens
vraiment occupés, et en même temps réglés dans
leurs occupations, ont plus de loisir que les autres, même pour les accessoires de la vie, à plus
forte raison pour les choses essentielles. Il y a
plus : le ressort de l'esprit se tend ; chaque affaire se fait mieux en même temps qu'elle se fait
plus vite, tandis que l'oisiveté et le vide semblent
nous dérober le temps lui-même avec l'énergie
de nous en servir.

Il est donc permis de penser que le surcroît de
travail dont on donne ici le conseil aura pour
effet inévitable, non pas d'amoindrir au profit
d'une diversion littéraire l'œuvre du jurisconsulte, mais de donner, au contraire, aux études
du droit une impulsion nouvelle, plus de solidité,
plus de profondeur. Les thèses iront en se multi-
pliant, dans l'une comme dans l'autre faculté, et
la carrière de l'avocat n'aura pas souffert d'un
complément aussi indispensable.

Si nos réflexions ne nous ont pas trompés, il
faut croire qu'avec l'organisation et aussi avec les
habitudes actuelles, avec cette alternative d'un

loisir sans emploi ou d'une activité sans direction, beaucoup d'existences gardent des lacunes
bien difficiles à combler. Dans le cas même où ces
esprits attardés prendraient plus tard tout leur
développement, qui nous rendra jamais la féconde
moisson des heures perdues, et incapables de se
réparer jamais? Les économistes font aisément
entendre leurs réclamations, lorsque, au nom de
l'agriculture, ils viennent entretenir une assemblée délibérante des champs en friche et des es-
paces perdus pour la culture. Il n'y a, sur tous les
bancs, qu'une voix pour leur donner raison ; il
n'y a plus dans les esprits qu'une préoccupation,
celle de remédier à cet état de choses et de rendre
à la production ces campagnes oisives.

Il ne semble pas que la question soit différente
ici.

Chacune des connaissances que la jeunesse perd
l'occasion ou la volonté d'acquérir constitue un
déficit cruel dans le capital intellectuel du pays.
Il y a un jour et une heure où ce peuple est pesé
dans la balance des nations, et où, malgré tout son
courage, devenu par son impuissance une vanité,
il est trouvé trop léger, eu égard à son manque
de savoir et de conseil.

II

Les temps mobiles et inconsistants par lesquels nous passons, sans pouvoir venir à bout de
nous reconnaître et de nous arrêter, sont pour
beaucoup dans l'affaiblissement général de notre
tempérament intellectuel.

Le jeune homme, quelles que soient sa fierté et
sa délicatesse natives, ne peut pas en être encore
à ignorer que deux voies lui sont ouvertes pour
parvenir.

L'une est le grand chemin des faveurs et des
protections, où tous les moyens sont bons pourvu
qu'ils réussissent. Aussi, n'est-il pas rare de rencontrer des jeunes gens auxquels s'applique, dans
toute son exactitude, le portrait que le poëte Horace a tracé de l'homme fait. Eux aussi, comme
l'ambitieux et comme l'homme politique, ils sont
déjà capables de mesurer leurs amitiés, non à ce
qu'elles valent mais à ce qu'elles rapportent. Ils

connaissent déjà les services rendus en vue d'une échéance lointaine, et le danger impardonnable de trop écouter son cœur. Par-dessus tout, ils sourient avec une orgueilleuse modestie et une paresse satisfaite à la prétention, mise en avant par *les piocheurs*, de mériter, en effet, les situations ou les places qu'ils demandent, comme si la capacité de les remplir avait le moindre rapport avec la chance de les obtenir ou la probabilité de les atteindre. Ceux-là sont conséquents avec eux-mêmes, lorsque, prenant en pitié le travail réel, ils regardent non pas seulement l'obtention d'un diplôme, mais l'obligation même des examens et des études, comme une simple formalité dont une protection peut dispenser l'élève auprès des juges, comme plus tard le fonctionnaire vis-à-vis de ses supérieurs.

Il faut s'obstiner à croire, même en dépit de toutes les certitudes, que le nombre de ces partageux du grand monde n'est pas encore très-considérable. Mais il faut aussi reconnaître, en dépit de toute notre bonne volonté, que le nombre de ces déclassés va en s'augmentant tous les jours. Ce sont bien là des communistes d'une nouvelle espèce, qui soutiendraient volontiers, en raison de leur naissance, de leurs appuis, de leurs protections, une sorte de droit aux places, même sans titre pour les obtenir ; absolument comme le communiste d'un autre étage réclame son droit au travail et sa part dans la propriété, sans avoir plus que l'autre de droit plausible pour les revendiquer.

A côté de ceux qui comptent sur les protections pour les imposer, il faut mettre ceux qui s'en remettent au hasard pour les servir.

Nous en sommes venus à ce point de dissensions, de guerres civiles, de métamorphoses politiques, que le vaincu ou le révolté de la veille ne perd jamais ses chances de devenir le vainqueur et le puissant du lendemain. Jamais on n'a mieux pratiqué dans le monde politique la maxime immorale et décourageante du philosophe grec, qu'il faut aimer avec la perspective de haïr, et ne haïr qu'avec la perspective d'aimer plus tard. Il n'est pas bien étonnant qu'on se hâte pour être en mesure d'utiliser à temps un tour de roue ou un jeu de bascule. On sait bien qu'à ce moment, il ne sera plus question ni d'avancement, ni de titre raisonnable. Il suffira d'être sur le bon chemin, et de savoir à quelle porte il convient de frapper.

C'est ainsi, sans qu'on y prenne garde, qu'il se forme dans les esprits une sorte de morale nouvelle dont on use sans l'avouer encore, mais dont le cynisme finira par faire un système. Les paroles imprudentes des pères ont ici de funestes effets sur les âmes des enfants ; ils leur communiquent, avec les passions d'un âge qui n'est pas le leur, cette espèce de désenchantement qui suffirait à leur ôter leur jeunesse.

Un professeur avait donné pour devoir français à des élèves sur le point de quitter le lycée ce sujet fécond et palpitant : *du Choix d'une carrière.*

La première copie qui lui tomba sous la main portait cet exorde :

« Pour choisir une carrière, je ne dois pas consulter mes facultés ni mes goûts, je dois me demander, avant tout, quels sont les connaissances et les appuis dont mes parents disposent, afin d'entrer là où je serai sûr d'être le mieux protégé et d'avoir l'avancement le plus rapide. » (*Historique et textuel.*)

Je n'ai pas besoin de dire que nos réflexions n'ont pas été adressées à de tels lecteurs.

De même qu'il y a dans les âmes un fonds de

bon sens incorruptible qui survit à toutes les dé-
viations de nos facultés, il y a de même, chez les
nations, un fonds solide et résistant d'esprits fer-
mes et intrépides, que les succès mal justifiés ne
tentent pas, que les injustices elles-mêmes ne sauraient émouvoir. Ils se préparent en silence par le
travail à toutes les éventualités du devoir, et se
trouvent d'autant plus au niveau des situations,
qu'ils les ont moins sollicitées.

Cette jeunesse, à laquelle seule je m'adresse,
est vraiment la réserve de la France, et ce qu'on
pourra faire pour elle, elle le rendra à notre pays
en services, en dignité, en grandeur.

TABLE DES MATIÈRES

PREMIÈRE PARTIE

De la nécessité d'une nouvelle licence ès lettres pour la jeunesse des écoles.

LIVRE PREMIER

LES LOISIRS A L'ÉCOLE DE DROIT, ET LES DIFFÉRENTES TENTATIVES DES ÉLÈVES POUR LES UTILISER.

LIVRE II

LA LICENCE ÈS LETTRES ACTUELLE CONSIDÉRÉE COMME MOYEN]
D'UTILISER LES LOISIRS DU DROIT.

SECONDE PARTIE

L'organisation de la nouvelle licence ès lettres.

LIVRE PREMIER

LES ÉTUDES PHILOSOPHIQUES AU POINT DE VUE DE LA JEUNESSE
DES ÉCOLES.

PARIS. — IMP. SIMON RAÇON ET COMP., RUE D'ERFURTH, 1.